オーストリアの風景

浮田　典良
加賀美雅弘
藤塚　吉浩
呉羽　正昭

ナカニシヤ出版

まえがき

　オーストリアを訪れる日本人観光客数（延べ宿泊者数）は、1961年には15,400人に過ぎなかった。ところが1978年には119,200人、10年後の1988年には320,500人、さらにその10年後の1998年には563,000人というように、めざましく増えている。

　しかし1998年の563,000人のうち、67％にあたる376,900人はウィーン訪問客であり、16％はザルツブルク、4％はインスブルックで、この３都市で87％を占めている。これ以外のオーストリアを訪れた日本人は、わずか13％に過ぎない。

　ウィーンは確かに、季節を問わず見どころが多くていい町で、国立歌劇場やフォルクスオーパーなど、音楽愛好家には欠かせない町だし、近年はチェコのプラハ、ハンガリーのブダペストを含め、三都巡りのツアーも多い。ザルツブルクは世界遺産に登録された旧市街もすばらしいし、夏の音楽祭でも有名だ。チロル地方の中心都市インスブルックは、冬季オリンピックが二度も開かれた町だが、夏に訪れてもいい。これらの町に多くの日本人が訪れるのは、それなりにうなずけることではあるが、それ以外にも、たくさんいいところがある。

　オーストリアの隣国スイスについてみると、日本人観光客は約90万人で、オーストリアの1.5倍であるが、ここではジュネーヴ、チューリヒのような大きな町ばかりでなく、インターラーケン、グリンデルヴァルト、ツェルマットといったアルプスの小さな町にも、多くの日本人が訪れている。オーストリアのアルプス山間部には、上記のような国際的に著名なリゾートはないが、静かな町のたたずまいといい、周辺の雄大な風光といい、これらに劣らぬすばらしいところはたくさんある。それをアピールしたい、というのが本書を書こうと思った一つの動機である。

　年齢のせいかも知れないが、私は大きな都会より小さな田舎町の方が、旅行先としてはずっと好きだ。人混みや喧噪と無縁なところがいい。小さな町にだって小ぎれいで心地のいいホテルが必ずあるし、古い教会、郷土博物館、公園などの見どころは、町が小さければ歩いて回れる。曜日によっては町の中心広場で生鮮食料品や花の「市」が立っていたりして、庶民の日常生活の一端に接することもできる。

　もう十年以上前のことであるが、このような話をドイツの列車のコンパートメントで一緒になった一人旅の日本人学生にしたことがある。「だ

から君も、ガイドブックに載っていなくて名前を聞いたことがないような、小さな町を訪ねるといいよ」と勧めたのであるが、「おっしゃることはわかりますが、名前を知らないような町の駅に降り立つには勇気がいります」とその学生は言った。かねてから名前を知っている町はいいけれど、知らない町は訪ねにくい。それに、ガイドブックに載っていないと、駅に降りても、どこへ行き、何を見ればいいかわからなくて困る、というのである。

そこで思ったのであるが、われわれは一体何を求めて「旅」に出るのか。折角、費用と時間を割いてはるばる出かけるのだから、ガイドブックに載っているところへ行き、そこに書いてあることを確認するだけといった旅ではつまらないではないか。列車の車窓から、何をどう眺めるか、名前も知らない小さな町の駅に降り立って、どこをどう歩けばいいのか、といった本を、自分自身の経験をもとにしつつ書きたいなと、爾来思ってきた。

旅先でわれわれは、おのれの五感（視覚・聴覚・嗅覚・味覚・触覚）を総動員して、何かを感じ取ろうと努める。うち最も重要なのは「視覚」と「聴覚」であろう。つまり「見聞」である。言葉の不自由な外国旅行の場合は、ことに「視覚」が大きな役割を果たす。町をぶらつきながら、あるいは田園をバスで移動しながら、われわれは目に飛び込んでくるさまざまな眺めに感動したり、不思議に思ったりする。

このようにしてわれわれが旅先で精一杯「視覚」を働かしてキャッチできるもののうち、キャッチする側が何らかの意味をもつものとして捉えることのできるものを「風景」と呼ぶことにする。本書はこれまで私自身が感じ取ってきた、この意味での「オーストリアの風景」を取り上げ、それについて綴ったものである。

私が初めてオーストリアを訪れたのは、1963年秋のインスブルックである。翌年1〜2月の冬季オリンピックの準備で町は大わらわであった。爾来、2、3年に一度はオーストリアのどこかを訪れている。生来血圧が低く、京都の夏の暑さが苦手な私なので、このところ毎夏、家内と一緒にヨーロッパへ脱出しているが、ここ数年、旅行先としてはオーストリアが最も多い。1999年には3月と12月にもオーストリアに出かけた。

私はオーストリアに住んだことはないので、住んでみなければわからないオーストリアは書けない。また

何かの用務でオーストリアへ「出張」といった経験もない。単なる観光客として、しかも日本人特有のあわただしさで、オーストリアのあちこちをかけずり回っただけである。しかしオーストリアで寝泊まりした日数を通算すると、おそらく百数十日に達する。その間の見聞をもとにまとめてみた。

　初めの14章ではオーストリアの全般的事項を扱い、次の71章はオーストリア各地の町や村を取り上げ、それぞれ二、三のトピックを扱っている。この71章は原則として州ごとにまとめて配列した。

　2000年11月11日に、オーストリア、カプルンの地下ケーブルカーの火災で、日本人10人を含む155人が犠牲になるという痛ましい出来事があった。狭いトンネル内の火災で、逃げ場がなかったのであろう。地上にケーブルやロープウェイを架設すれば環境破壊につながるおそれがあるので、「環境にやさしい」輸送手段として、地下をくりぬいて掘られたトンネルがあだとなったわけであろう。私はカプルンのケーブル（1974年開業）は知らないが、さらに新しいチロル州ピッツタールの地下ケーブル（1983年開業）には乗ったことがある。カプルンのは全長3.8kmのうち3.2kmがトンネルであるが（残りは橋梁）、ピッツタールのは全長3.7kmのすべてがトンネルである。眺望皆無なのは残念だが、環境を守るためなら仕方がなかろう。そう思って乗った。

　オーストリアでは1978年、原子力発電所の建設に反対がおこり、その可否を巡って国民投票が行われた結果、反対多数で建設が断念された。今でも原子力発電所は皆無である。ヨーロッパの主要発電国（年間500億キロワット時）のうち、原子力発電が皆無なのは、ポーランド、ノルウェーとオーストリアだけだ。チェルノブイリのような事故は、オーストリアでは起こる心配がない。

　そういうオーストリアであるから、今回の事故のため、オーストリアはこわいから敬遠しよう、といった風潮が生じないよう、私としては切に念じている。

　ウィーンやザルツブルクばかりでなく、もっと小さくて知名度は低いけれどもすばらしいオーストリアの多くの町や村を訪れる人が、今後大いに増えることを期待して止まない。

　　　　　　　　　　　浮田典良

浮田典良先生の思い出

　浮田典良先生とのおつきあいは1969年にさかのぼります。そもそも日独地理学会で知り合ったのがきっかけだったのですが、当時、私がインスブルック大学にいたことから、仲間を連れてスイスとオーストリアをまわる計画があるとのお便りをいただきました。せっかくおいでになるので、私はリヒテンシュタインとフォアアールベルク、チロルをご案内することにしました。

　1969年8月6日午後1時30分、リヒテンシュタインの首都ファドーツの中央駅で落ち合うはずでした。浮田先生一行（浮田寧子夫人のほか竹内淳彦、井出策夫、板倉勝高の先生方）はバスで来られる予定だったのですが、ちょうど夏のヴァカンスの時期にあたり、渋滞に見舞われるのではと気をもみました。案の定、バスは大幅に遅れ、到着は何と午後5時。皆さんたいへんお疲れで、もはや巡検どころではありません。急遽、私の郷里フォアアールベルク州ルステナウの実家にお連れし、庭で母が用意した飲物やケーキでくつろいでいただくことにしました。翌日、予定していたフォアアールベルクとチロルをご案内することになりました。

　その後も浮田夫妻はほぼ毎年のように、ドイツやオーストリア、スイスを旅されました。ルステナウにも足を運んでくださり、何度もお会いする機会がありました。また私が不在の時でも、夫妻で私の母を訪ねてくださいました。1985年8月にルステナウとハイデルベルクに高齢のご両親をお連

チロル山地集落の巡検（1982年）
左から浮田典良氏、P・モイスブルガー氏、浮田寧子夫人、足利健亮氏。

れになり、まさに家族ぐるみのおつきあいをさせていただきました。

　浮田先生は、日独の地理学者の学術交流にたいへん貢献されました。ドイツ語圏をよく知る日本の地理学者であり、おおかたのドイツの地理学者よりも広く旅され、多くの知見をもっておられたと言ってよいでしょう。その一方で、日本に関心のあるドイツ人地理学者に、言葉に尽くせないほどの援助をされました。私も、1981年8月から12月まで日本学術振興会の援助を得て日本に滞在した折、また特に1988年8月31日から9月20日までの日本巡検の際には、ハイデルベルク大学の学生たちにもたいへん親切に対応してくださいました。私に限らず、浮田先生と親交があった人なら、誰もがすばらしい思い出をもっていることと思います。

　　　　　　　　ペーター・モイスブルガー

目　　次

まえがき *3*

浮田典良先生の思い出 *6*

オーストリアとはどんな国？ *11*

キーワードで示してみる	オーストリアを知るために	*12*
アルプスと丘陵・平原	国土の成り立ち	*14*
ドナウ川とオーストリア	「美しく碧きドナウ」の今	*16*
ハプスブルクの遺産	古き栄光の国オーストリア	*18*
オーストリアの気候	東西ヨーロッパの中間	*20*
畜産に重点を置いた農業	山地に広がる草地の利用	*22*
オーストリアの観光（1）	統計からみる観光の実態	*24*
オーストリアの観光（2）	宿泊滞在日数からみたタイプ分け	*26*
オーストリアの地域中心都市	最新の人口動向をみる	*28*
オーストリアの鉄道	世界最初の山岳鉄道	*30*
オーストリアのホテルと民宿	多様なツーリストの受け皿	*32*
オーストリアのカフェ	市民・旅行者の憩いの空間	*34*
オーストリアの料理	歴史がつくった伝統の味	*36*
オーストリアのビールとワイン	町と村でつくられる酒	*38*

オーストリア九つの州 *40*

●●● ウィーン州 ●●●

① ウィーン特別市	一つの州として扱われる首都	*42*
② ウィーンの概観	環状道路（リンク）に囲まれたコンパクトな町	*44*
③ ウィーン旧市街	観光客でにぎわう町並み	*46*
④ ウィーンの市電	便利な路面電車網	*48*

⑤	音楽を楽しむ町	音楽の都ウィーン	50
⑥	クリスマスの風情	ウィーンの魅力の一つ	52
⑦	ウィーンの生活に触れる	ナッシュマルクトとマリアヒルファー通り	54
⑧	ユダヤ人が残した風景	かつてのユダヤ人社会の記憶	56
⑨	外国人が暮らすブルネン小路	観光客にも注目される異文化の街	58
⑩	ウィーンの森	都会人の隠れ家	60
⑪	ラクセンブルク	皇妃が愛した宮殿	62

ブルゲンラント州

⑫	ブルゲンラント州	ハンガリー的な趣を残す地域	64
⑬	アイゼンシュタット	作曲家ハイドンゆかりの州都	66
⑭	ノイジードラー湖	最深2m未満のオーストリア最大の湖	68
⑮	ルスト	コウノトリとワインの町	70
⑯	バート・タッツマンスドルフ	温泉のある町	72

ニーダーエスターライヒ州

⑰	ニーダーエスターライヒ州	オーストリアの穀倉地帯	74
⑱	バーデンとシュネーベルク	ウィーンに近い温泉と登山鉄道	76
⑲	レッツ	「ワインフィアテル」の中心地	78
⑳	サンクト・ペルテン	新たに州都となった古都	80
㉑	メルクとヴァッハウ渓谷	鉄道から船からすばらしい眺め	82
㉒	デュルンシュタインとクレムス	ドナウの宝石	84

オーバーエスターライヒ州

㉓	オーバーエスターライヒ州	経済活動の中心となる州	86
㉔	リンツ	近代工業のさかんな歴史的都市	88
㉕	ドナウ川下り	川から眺めるリンツの工場群と堰堤の閘門	90
㉖	ケルシュバウム	19世紀の馬車鉄道が残る	92
㉗	シュタイヤー	金物工業で栄えた古い町	94
㉘	シュタイヤーのクリスマス	異色のクリスマス行事	96

㉙ ヴェルス	ローマ時代からの交通・商業の要衝	98
㉚ 馬車鉄道の名残り	岩塩運搬の中継駅	100
㉛ バート・ハル	療養客の多い静かな温泉町	102
㉜ バート・シャラーバッハ	公的保養施設と温水プール	104
㉝ グムンデン	陶器工房とかつて岩塩の取引で栄えた町	106

ザルツブルク州

㉞ ザルツブルク州	カトリック世界が色濃く残る地域	108
㉟ ザルツブルク	塩で築かれた歴史都市	110
㊱ ザルツブルク音楽祭	モーツァルトの魅力	112
㊲ ツェル・アム・ゼー	極上の眺望を楽しむ	114
㊳ グロースグロックナー・ホッホアルペン道路	ヨーロッパ分水嶺を越える道	116

ザルツカンマーグート

㊴ ザルツカンマーグート	塩の宝庫から観光のメッカへ	118
㊵ サンクト・ヴォルフガング湖	山と湖を楽しむ代表的保養地	120
㊶ バート・イシュル	皇帝が愛した保養地	122
㊷ ハルシュタット	ザルツカンマーグートの奥座敷	124

シュタイアマルク州

㊸ シュタイアマルク州	アルプスの南に広がる丘陵地帯	126
㊹ センメリンク	世界遺産に登録された鉄道	128
㊺ グラーツ	世界遺産に登録された州都	130
㊻ リーガースブルク	美しい城の光と影	132
㊼ シュトゥービンク	オーストリア野外博物館	134
㊽ 南シュタイアマルク・ワイン街道	オーストリアのトスカナ地方	136

ケルンテン州

| ㊾ ケルンテン州 | イタリアとスロベニアに接する州 | 138 |

(50) クラーゲンフルト　大きな広場がある州都　140
(51) ミニムンドゥス　楽しいミニュチュア公園とマーラーの作曲小屋　142
(52) ヴェルター湖　水上スポーツでにぎわう湖　144
(53) マリア・ヴェルト　ヴェルター湖南岸の保養地　146
(54) トレポラッハ村　アグリツーリズム体験　148
(55) マリア・ザールとフリーザッハ　ケルンテン州に残る古い史跡　150
(56) バート・クラインキルヒハイム　スキーができる温泉村　152

チロル州

(57) チロル州　高峻なアルプスの山地に広がる州　154
(58) インスブルック　イン川に沿うチロルの州都　156
(59) ノルトケッテ　山に囲まれた都市観光地インスブルック　158
(60) ブレンナー峠　アルプスを横断する交通動脈　160
(61) イェンバッハ　イン川谷の交通の要衝　162
(62) キッツビューエル　オーストリア随一の高級リゾート　164
(63) サンクト・アントン　アールベルク・スキーのメッカ　166
(64) 伝統的なスキーリゾート　サンクト・アントンの発展　168
(65) エッツ谷　氷河地形の宝庫　170
(66) ゼルデン　発展するエッツ谷のリゾート　172
(67) 東チロル　チロル州の飛び地　174

フォアアールベルク州

(68) フォアアールベルク州　オーストリア最西端の州　176
(69) ブレゲンツ　湖上舞台の音楽祭　178
(70) ブレゲンツァーヴァルト　農村文化の根づくブレゲンツの森　180
(71) モンタフォン　とっておきの景観をもつ谷　182

参考文献　184
あとがき　186

オーストリアとはどんな国？

　オーストリアという国名は、ドイツ語のエスターライヒに由来するといわれる。エスターライヒとは「東方の国」の意味で、古くはラテン語の名称がドイツ語に転化したものらしい。どこから見て東方なのか、さまざまな憶測がある。ただ、中世以来、ドイツ語圏においてオーストリアの地が東方に位置してきたことは事実だし、ウィーンを経てドナウ川を下り、ハンガリー平原やバルカン方面へとドイツ人が進出した歴史、ハプスブルク帝国が首都ウィーンからはるか東方へと広大な領土を広げてきた経緯を見れば、まさにオーストリアが「東方の国」と呼ばれるゆえんが理解できるというものである。

　国名の由来はともかく、近代のオーストリアに目を向け、この国がたどってきた数奇な歴史を振り返ると、もし〜だったら、という想像をついしてみたくなる。というのは、歴史の歯車がちょっと違ってかみ合ったならば、オーストリアはドイツの一部になっていたかもしれないし、ドイツの首都がウィーンになった可能性も十分にあったからである。

　ビスマルク率いるプロイセンが1871年に成し遂げたドイツ統一は、長いヨーロッパの歴史を振り返れば、あまりに唐突だった。ドイツの前身といわれる神聖ローマ帝国の皇帝の座を占めてきたのはオーストリアのハプスブルク家であり、その強大な力はナポレオン後のヨーロッパのゆくえを決めた会議が1814年にウィーンで開かれたことにもよく表れていた。プロイセンの急成長がなければ、オーストリアは中央ヨーロッパの盟主の座にあったかもしれない。第一次世界大戦で帝国が崩壊し、かつて神聖ローマ帝国皇帝を兼ねたオーストリア皇帝をたたえてハイドンが作曲したオーストリア国歌は廃される。おもしろいのは、これに代わってドイツがこの曲を国歌に採用し、今もドイツの国歌であり続けていることだ。神聖ローマ帝国皇帝とは、まさにドイツの歴史そのものだからというのがその理由らしい。

　こうした歴史を振り返ると、オーストリアという国はまるでドイツの一部のようにみえる。しかし、アルプスを軸にした山がちな国土、地域固有の歴史と伝統文化、そして何よりも国民のオーストリア人としての強い意識が、まさにこの地をドイツとは異なるオーストリアに仕立て上げている。オーストリアの公用語はドイツ語だが、そのドイツ語も標準ドイツ語とは異なる単語や発音をもっている。

　ドイツのようでドイツとは異なるオーストリアの個性。オーストリアを旅すれば、各地にオーストリアらしさが見えてくるはずである。では、これからオーストリアの風景をたどる旅に出かけよう。

〔加賀美雅弘〕

● オーストリアを知るために

キーワードで示してみる

　オーストリアとはどんな国だろうか。いくつかのキーワードで示してみよう。

内陸国
　オーストリアは西隣りのスイスや東隣りのハンガリーと同じように、内陸国の一つである。まわりをスイス、リヒテンシュタイン、ドイツ、チェコ、スロバキア、ハンガリー、スロベニア、イタリアの8カ国に囲まれている。首都ウィーンにとって最も近い海港はイタリアのトリエステであるが、そこまで鉄道で8時間あまりかかる。

小　国
　国土面積は83,858km^{2}で、北海道より少し広く、近畿・中国・四国の合計にほぼ等しい。人口は8,385,407（2012年）で、近畿・中国・四国合計の4分の1に満たない。ほかのヨーロッパ諸国と比べると、面積はオランダやスイスの約2倍であるが、人口はスイスよりわずかに多い程度で、オランダの半分あまりに過ぎない。

古い栄光の国
　かつては大国であった。第一次世界大戦までのオーストリア・ハンガリー帝国は、南はアドリア海岸、北はチェコ、東はウクライナの南西部まで広がっていた。大戦後の講話条約の結果、その14％に縮められたのが今の国土である。ウィーンの人口は国の総人口のほぼ2割に及ぶ170.3万（2012年）と、不釣合に多い感を受けるが、それはかつてのウィーンが現在のオーストリアよりはるかに広い帝国の首都として発展していたためである。

アルプスとドナウの国
　国土の約3分の2はアルプス（東アルプス）で占められ、オーストリアは山地国といってよい。広い平地はウィーン盆地と北部のドナウ川本流沿岸、東部・南東部のハンガリー国境に近い地域にみられるに過ぎない。また、国土のほとんどはドナウ川本支流の流域に属する。西端部（国土の3％）はライン川の流域に属し、北東部にはエルベ川流域に属する地域（国土の1％）があるが、それ以外はすべてドナウ川本支流の流域である。

東西ヨーロッパの結び目
　オーストリアは、気候の上で北西ヨーロッパの海洋性気候と東ヨーロッパの大陸性気候の漸移地帯にあたり、文化的にも東西ヨーロッパの中間地帯にある。首都ウィー

ンは伝統的に、西ヨーロッパから東ヨーロッパ、バルカン半島への出入口という性格が強い。ウィーンの名物料理の中には、ハンガリー、チェコ、バルカン諸国などから伝わってきたものが少なくない。パプリカがたっぷり入った牛肉の煮込み料理グーラッシュ（元来ハンガリー料理）はその代表である。

永世中立国

1938年、オーストリアはナチスの「合邦」政策によってドイツに併合され、第二次世界大戦後、ドイツと同じように米英仏ソ4カ国に分割占領されたが、1955年、永世中立を条件に独立を回復した。スイスと並んでヨーロッパにおける永世中立国であり、中立を守るためにいかなる軍事同盟にも加わらないようにしているが、スイスと違い国連に加盟し、1995年1月にはEU（ヨーロッパ連合）に加盟している。

先進工業国

鉄鉱石その他の地下資源に恵まれ、近代工業が早くから発展した。今では他の先進諸国と同様、商業・サービス業などの第3次産業が第2次産業（鉱工業）を上回っているが、工業は農村地帯にも広く普及している。鉄道の車窓からは緑一色の田園地帯に見えるようなところにも、よく見るとそこかしこに工場があって、多くの住民が工場に通って生計を立てている地帯が多い。

観光国

オーストリアは輸出よりも輸入の方がずっと多いが、その赤字を埋めているのが観光収入である。外国人観光客受け入れによる収入は、金額の総額ではアメリカ合衆国、イタリア、フランス、スペインなどに及ばないが、その国の人口で割って1人当たりの額を計算してみると、主要先進国のうち断然トップである（2位はスイス）。来訪の外国人としてはドイツ人が圧倒的に多い。

音楽の国

オーストリアに関心をもつ日本人観光客には、音楽愛好家が少なくない。ベートーヴェン、シューベルト、モーツァルト、ブラームス、ヨハン・シュトラウス、さらにはブルックナー、マーラーなど、オーストリアで活躍した音楽家は枚挙にいとまがない。ウィーンの国立オペラ座やフォルクスオーパー、ザルツブルクの音楽祭などでは、多くの日本人観客を見かける。

連 邦

ドイツと同じく、オーストリアも連邦共和国で、ウィーン、ブルゲンラント、ニーダーエスターライヒ、オーバーエスターライヒ、ザルツブルク、シュタイアマルク、ケルンテン、チロル、フォアアールベルクの九つの州から成り立ち、州は大きな権限をもっている。

（浮田典良）

オーストリアとはどんな国?

● 国土の成り立ち

アルプスと丘陵・平原

　オーストリアは、地形の上では険しいアルプスの山地とその東方、北方の丘陵・平原とに分けられる。

国土の3分の2を占める東アルプス

　アルプスはヨーロッパを西から東へ1,200kmにわたって伸びる大山脈である。今から数万〜数十万年前、地球上が今よりずっと寒かった氷河時代に、アルプスは一面の氷河に被われ、氷河によって削られたカール（圏谷）や氷食谷（U字谷）、氷河湖など、多くの氷河地形ができた。それが現在アルプス各地でよく残っている。

　アルプスは大きく分けて東アルプスと西アルプスに分かれるが、オーストリアのアルプスはすべて東アルプスで、東に向かうにつれてしだいに低くなる。東アルプスは東西に走る三つの山列に分かれている。北・中央・南アルプスである。

北アルプス

　ドナウ川の支流エンス川、ザルツァハ川、イン川の東西に流れる部分を境とし、その北側に連なる山列である。大部分が石灰岩で、海抜2000〜3000m。インスブルッ

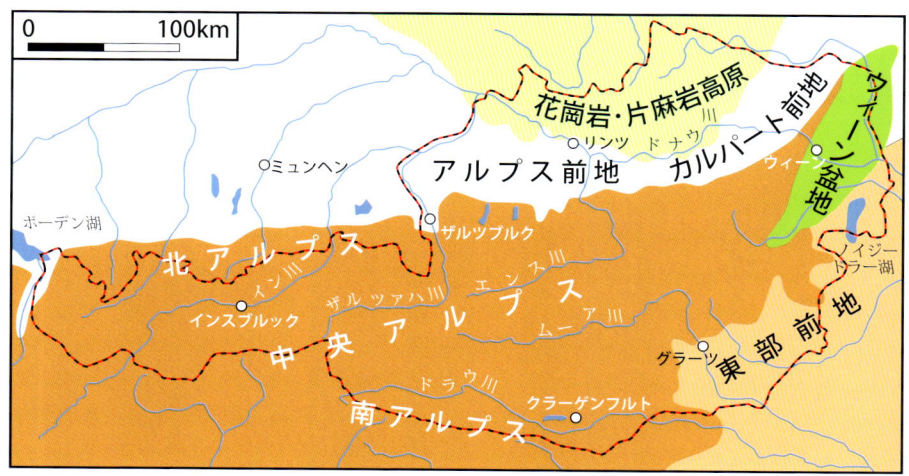

自然地域区分

クの北側にそびえる山列のように、灰白色のするどい峰が連なる。石灰岩地域の北縁には砂岩の地域がある。西のスイス国境に近いブレゲンツァーヴァルトや東端部のヴィーナーヴァルト（ウィーンの森）はそれである。

中央アルプス

アルプスの中心で、高度も一番高く、3000mを超え、万年雪や氷河に被われているところが少なくない。その西部はエッツタール・アルプス、ツィラータール・アルプスといい、イタリアとの国境をなす。その東に続くホーエ・タウエルンにはオーストリア最高峰のグロースグロックナー（3798m）やグロースヴェネディガー（3674m）などの高い峰が続く。その東はニーダー・タウエルンとグルクタールアルプスとに分岐し、その間をムーア川が東流する。

南アルプス

ドラウ川の谷をはさんで、その南に連なり、イタリア、スロベニアとの国境をなす。主に石灰岩からなり、高いところでも2000mあまりに過ぎない。

アルプスの東と北に広がる丘陵と平原

アルプスの東には「東部前地」と「ウィーン盆地」、北には「アルプス前地およびカルパート前地」と「花崗岩・片麻岩高原」と呼ばれる丘陵・平原が続いている。

東部前地

中央アルプスの東端はいくつにも分岐しているが、それらの間にハンガリーから続く平原がくいこんでいる。ここを東部前地という。この平原北部のノイジードラー湖は水深の浅い内陸湖で、湖の面積は気候の変動によって変化する。1868年にはほとんど干上がったが、1882年には340km^{2}にも広がった。現在の面積は276km^2（ヨシ自生帯を含む）である。

ウィーン盆地

北アルプスと中央アルプスの東への延長部の間に、北東から南西へくいこんでいるのがウィーン盆地である。ここには首都ウィーンの町が開け、郊外には肥沃な農地が開ける。

アルプス前地およびカルパート前地

北アルプスの北側に幅広く広がる低い丘陵地帯をアルプス前地という。山地の近くでは洪積世に氷河が運んできたモレーンが堆積しているところもある。アルプス前地の北東への延長部はカルパート前地といい、ウィーン盆地に続く肥沃な農村地帯となっている。

花崗岩・片麻岩高原

チェコとの国境に広がる海抜数百メートルの波打つ高原をなしている。大部分は農地として利用されている。

（**浮田典良**）

● 「美しく碧きドナウ」の今

ドナウ川とオーストリア

オーストリアとはどんな国？

　ヨーロッパの川のうち、ドナウ川は長さも流域面積も第2位である（第1位はロシアのヴォルガ川）。オーストリアは、国土の96％までがこのドナウ川の流域に属する。

ドナウ川の本流と支流

　ドナウ川の本流はドイツ南西部のシュヴァルツヴァルトに源を発し、ドイツ南部からオーストリアに入り、ウィーンに至る。さらにハンガリーのブダペスト、セルビアのベオグラードを経て、ルーマニアとブルガリアの国境を東へ流れ、ルーマニア東部で黒海に注ぐ。長さ2,850kmは、日本最長の信濃川（367km）の8倍に近い。

　ドナウ川の支流のうち、イン川はスイス南東部に発し、インスブルックを流れて一旦ドイツに入り、のちドイツとオーストリアの国境を流れて、ドイツの国境の町パッサウでドナウ川に合流する。パッサウでは、西から流れてきたドナウ川本流に南西からイン川、北西からイルツ川が合流し、少し高いところから眺めると、三つの川の色が少しずつ違っているのがわかる。ザルツブルクを流れるザルツァハ川は、このイン川の支流である。

　シュタイアマルク州の北部を流れて北へ向かい、リンツの下流で合流するエンス川も、オーストリア国内では重要な支流の一つである。

　オーストリア南東部には、イタリアの北西端に発したドラウ川が西から東へ流れる。

ドナウ川の本流と支流　　　　　　　　　　　　　　　　　　　藤塚吉浩作成

● *16*

これもドナウ川の重要な支流で、スロベニアに入り、さらにクロアチアとハンガリーの国境を流れたのち、ドナウ川に合流する。

せき止められたドナウ川

今のドナウ川本流は、たいへんゆっくり流れている。それは水力発電のため、オーストリア国内8カ所でダムによってせき止められ、ダムとダムの間は静水に近い状態になっているからである。ダムの上流側と下流側の水位の差は10メートル足らずであるが、何しろ水量が多いから発電量も莫大で、オーストリアの発電事業にとって重要な役割を果たしている。

ドナウ川本流にある発電所（1999年）

オーストリアは今でも、総発電量のうちの約3分の2は水力発電であるが、それを州別にみると、オーバーエスターライヒ州が第1位、ニーダーエスターライヒ州が第2位で、合わせて44％に及んでいる（1997年）。険しいアルプスではなく、丘陵・平原が大部分を占めるこの両州が多いのは、ドナウ川を8カ所でせき止めた低落差発電所のおかげである。このようにせき止められて発電に利用されているのは、ドラウ川やエンス川などの支流でも同様である。

交通路としても重要なドナウ川

ドナウ川をせき止めたダムには、その一隅に閘門（こうもん）が設けられ、そこを通って船が通行する。上流から閘門の中に船が入ると扉が閉められ、水位が下げられる。10mばかり下がって、ダムの下流の水位と等しい高さになると、下流側の扉が開けられ、船は下流へと進んで行く。

リンツから50km下流のグラインあたりは、かつては急流が岩を嚙む難所であったが、イプス・ペルゼンボイクにダムが設けられ、水面が高められて難所は克服された。

ドイツでのドナウ川沿岸ケールハイムと、ライン川支流マイン川の上流部との間を結んで、1992年、ライン・マイン・ドナウ運河が全通したので、これを通じて、北海のライン川河口から黒海のドナウ川河口まで、完全に1本の水路で結ばれるに至った。交通路としてのドナウ川の意義は大いに高められている。

ドナウ川の船には観光客を乗せた遊覧船もあるが、それはごく一部で、ほとんどは貨物船である。閘門通過のため、長さは80m、幅8m、排水量1,350tの、平底のヨーロッパ標準船である。積み荷は、石油、鉄鉱石、くず鉄、土木建設資材など、重くてかさばり、時間をかけて運んでも構わない貨物が多い。

（浮田典良）

オーストリアとはどんな国？

● 古き栄光の国オーストリア

ハプスブルクの遺産

遺産が集積するウィーン

　オーストリアの風景はハプスブルク帝国の歴史を抜きにしては語れない。都市にも農村にも帝国時代に造られたものが数多く残されているし、とりわけ首都ウィーンには往時をしのぶ建物がひしめきあっている。帝国の首都だったときの建物で埋め尽くされているウィーンは、まさに帝国の遺産を持ち続けている都市といえよう。

　ハプスブルク帝国は第一次世界大戦前の1910年には面積67.7万km^2、人口5139万を擁するヨーロッパきっての大国であり、その首都ウィーンは、世界でもロンドン、ニューヨーク、パリ、シカゴに次ぐ人口を擁していた。ヨーロッパ各地から著名な研究者や芸術家を集めたウィーンは、まさに絶頂期にあった。

　しかし、大戦後の帝国の崩壊とともに、ウィーンはその輝きを失い、多くの人々がこの町を去り、人口は減少の一途をたどる（42頁）。1923年に191.9万、第二次世界大戦後の1951年は161.6万、さらに東西冷戦時代末期の1988年には150.6万にまで落ち込んでしまう。東西分断時代のヨーロッパで、ウィーンは西ヨーロッパの東端に置かれたことが、縮小に拍車をかけたのである。第二次世界大戦後の先進国で、これほど人口が減った都市はほかにない。

　それだけに1989年の東欧改革は、ウィーンがヨーロッパの中央に位置する都市としての復権を意味した。東ヨーロッパとのつながりの回復は、かつてあった帝国時代への関心を呼び起こし、帝国時代につくり出された遺産の整備が進められている。か

ラデツキー将軍像（2009年）
オーストリア経済省の建物（旧陸軍省）前に置かれ、帝国の威光を今日に伝えている。

皇室御用達のケーキ屋（2009年）
ハプスブルク帝国を示すk.&k.を冠した看板は、かつて御用達とされた老舗の誇りである。

● 18

つての栄光と気高さを残した建物は、当時の世界に思いを寄せ、みずから追体験したいと願う観光客にとって強力な磁場になっている。

ハプスブルクの墓碑銘

ウィーンにおけるハプスブルクの風景といえば、まずは皇帝・皇室にちなむ建物であろう。かつての王宮をはじめ、皇室関連の施設だけでも相当な数になる。カプツィーナ教会もその一つ。旧王宮近くにあるこの教会は、皇室の菩提寺ともいうべきところ。地下には歴代の皇帝や皇族が今も眠る。なかでもマリア・テレージアの豪華絢爛たる棺は、帝国がいかに強大であったかを思い知らされる。

帝国時代の繁栄を残す店舗（2010年）
ハプスブルク帝国のシンボル双頭の鷲を配したショーウィンドーが往時の栄華を語っている。

しかし、それは単なる墓所であるにとどまらない。そもそもウィーンに残されている当時の建物には、それが建てられた時代の役割を失っているものが少なくない。ウィーン総合病院やロッサウ兵舎など、いずれも現在はギャラリーなどのイベント会場や警察庁舎として活用されている。建物こそ残されているものの当初の機能はなくなり、建物の外観に当時の機能が示されているにすぎない。このさまを、誤解を恐れずにた

カプツィーナ教会（2002年）
地味な教会だが、この地下には皇帝一族の棺がおさめられている。

とえるならば、建物そのものが過去を語る墓石とみなせなくもない。別の言い方をすれば、ウィーンの旧市街地は、かつてあった帝国の巨大な政治や経済の力、都市の繁栄ぶりを今に伝える墓石で埋めつくされた場所ということになる。

そうするとカプツィーナ教会は、さしずめウィーンの歴史的景観の意味を具現化した場所ということになるだろうか。この町では、建物の存在が思いのほか深く意識されるゆえんである。

（加賀美雅弘）

● 東西ヨーロッパの中間

オーストリアの気候

　オーストリアは東西ヨーロッパの中間にあり、その気候も西の大西洋の影響を受けた海洋性気候と、東のハンガリー平原の大陸性気候との中間にあたっている。

ところによる寒さ・暑さの違い

　気温についてみると、西部より東部の方が日較差（1日のうちの気温差）も年較差（1年のうちの気温差）も大きい。ブレゲンツなど西端のボーデン湖沿岸地帯では、最も高温となる7月で平均18～19℃、最も寒い1月は0～1℃であるのに対して、東部のウィーン盆地では7月には21～22℃、1月は1～2℃となる。

　山地では高度が増すにつれて気温が下がるが、小さな地形や斜面の方向などによってかなり異なる。アルプスを吹き越してきた高温で乾燥した風はフェーンと呼ばれるが、オーストリアの気候学者ハーンによる本格的な研究がその端緒である。

　アルプス山中の盆地の底や谷底では、冬の風のない晴天の夜は冷気がよどんで冷え込むので、人々はそれを避けて、斜面を少し上がったところに居を定めている。アルプス東部や花崗岩・片麻岩高原の日当たりのよい南向き斜面には、冬も比較的暖かくて、無霜地帯となっているところがある。

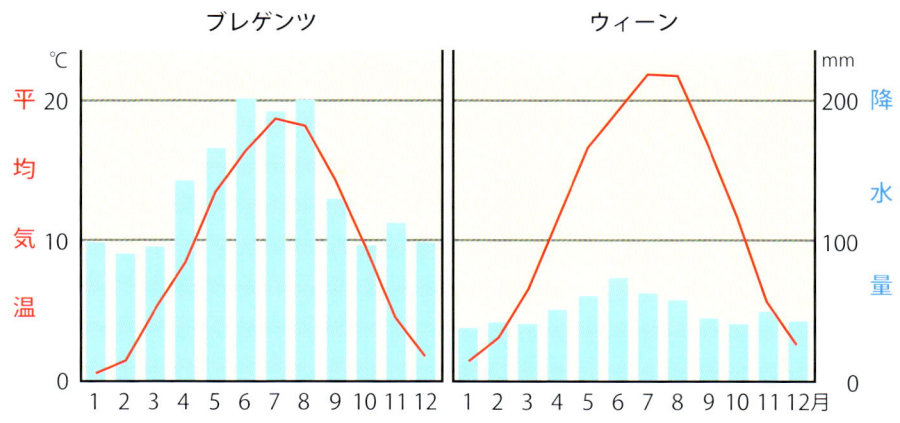

ブレゲンツとウィーンの平均気温・降水量（1971～2000年）　　　　ZAMGにより藤塚吉浩作成

ところによる降水量の違い

　降水量についてみると、西部と東部の違いは一層大きい。西端のボーデン湖沿岸地帯では、年降水量が1,000mmをかなり超えるが、東部のウィーン盆地では600mm前後に過ぎない。それは雨をもたらす気団が主として西または北西から訪れるからである。季節的には、4～9月にやや多く、10～3月にやや少ないが、その差はあまり大きくない。

　山地では、高度が増すにつれて多くなり、2,000mmを超えるところも少なくない。高山では降水量の大部分が雪のかたちで降る。山の雪はいわば天然の大貯水池であり、春から夏にかけて少しずつ融けて川に流れ込む。

河川の流量の季節的変化

　そこで河川の流量も融雪時期と密接な関係がある。インスブルックのイン川では、12月から3月までは結氷して、ほとんど流れがないが、雪が融け始める4月から流量が増え、6～7月に最高に達する。ドナウ川との合流点に近いシェルディングでも、冬と夏とで流量にかなり違いがある。ところが、ウィーンでのドナウ川本流についてみると、冬と夏の差はあまり大きくない。ピークは年に2回現れ、融雪による5月と、雨の多い7月に最高となっている。

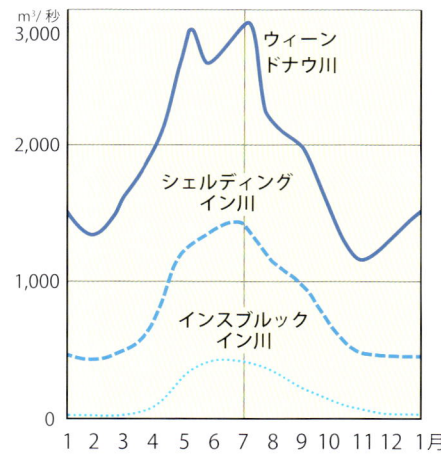

イン川とドナウ川の流量の季節的変化

ところによる植生の違い

　気候と同様に植生についても、オーストリアは西ヨーロッパの森林地帯と東ヨーロッパの草原地帯の漸移地帯にあたっている。ハンガリーとの国境地帯は、降水量も少ないので、草原をなしていたところが多く、一方、アルプスでは、かつては標高の低い部分はブナを中心とした混交林、高くなるとモミ、トウヒなどの針葉樹林がおおっていた。しかし今では、人間の手で改変が進み、自然の植生は残っていない。

　山地では高度によって土地の利用の仕方が大きく異なっている。低いところから高いところへ向かって、1）耕地・草地帯、2）草地・森林帯、3）森林帯、4）放牧用草地帯、5）裸岩・氷雪帯に分けられる。低い部分の草地は、冬の家畜飼料としての干し草を作るのに利用され、高い部分の草地は夏の放牧に利用される。（浮田典良）

● 山地に広がる草地の利用

畜産に重点を置いた農業

混合農業

　ヨーロッパ中央部の農業の特色は、作物栽培と家畜飼育が結びついた「混合農業」という点にあるが、オーストリアでは、どちらかと言うと家畜飼育の方に重点がある。農地は、作物を栽培する畑と家畜のための草地とに分けられる。畑と草地の比率はほぼ4対6である。畑の作物のうち、小麦とライ麦はパン用であるが、大麦・エンバクは家畜の飼料用である。

　日本人観光客が多い8月には、これらの麦類は収穫が終わっている。鉄道やバスで平野の農村を走ると、車窓からは麦の刈り跡ばかりが目につく。まだ畑にある作物として目立つのはトウモロコシであるが、これもほとんどが家畜の飼料となる。

　山がちの農村にさしかかると、車窓には緑の草地が波打つようになる。日本では北海道を除くと草地というものが少ないから、広々した草地を見ると、土地を無駄に遊ばせてもったいないと思う人があるかもしれないが、決して遊ばせているわけではない。家畜を飼うための重要な草地である。

干し草のための草刈り（2000年）
ノイシュティフトの少し南。

干し草の収納作業（2000年）
一家総出で一連の作業を行う。

● 22

アルムの放牧地（2000年）
アルプバッハのゴンドラバーン山頂駅（1850m）近く。

夕方畜舎へ戻る牛（2000年）
シュトゥバイタールの最も奥で。

地域別にみると、平原が広がる東のブルゲンラント州やニーダーエスターライヒ州では畑が大部分を占めるが、山地の多い西のザルツブルク州、チロル州、フォアアールベルク州では農地の9割以上が草地である。

草地の利用法

草地の利用の仕方には2通りある。一つはそこに直接家畜を放牧する「放牧

牛はこの畜舎まで戻る（2000年）

地」であり、もう一つは冬に備えて干し草をつくるための「干し草用草地」である。干し草のための草刈りは、夏の盛りの7～8月と、秋になった9～10月の2回行われるが、中には1回目の草刈りのあとは「放牧地」として使う場合もある。

放牧地は、山地の森林限界線よりも高いところにも広がっている。高山のこういう放牧地を、スイスでは「アルプ」という（アルプスの名の起こり）が、オーストリアでは「アルム」と呼んでいる。

春がくると、農民は牛をつれてアルムへ登っていく。アルムには個人所有のものと共有のものとがある。共有のアルムに放牧する場合には、ムラへ放牧料を支払わなくてはならない。

（浮田典良）

オーストリアとはどんな国？

● 統計からみる観光の実態
オーストリアの観光（1）

オーストリアの観光統計

　ここで少し宿泊客についての統計数字を使って、オーストリア各地の都市や観光地の性格を考えてみよう。オーストリアの観光は国民経済の上で大きな意義をもっているので、観光に関する政府の統計もよく完備しているし、観光客のためのガイドブック、パンフレットの類もさまざまなものが出ている。オーストリア政府統計局が刊行している観光統計の1997年版を用いて、オーストリアの観光の実態をみた。

タイプの分け方

　オーストリアでは市町村ごとに、夏半年と冬半年とに大別した宿泊客数が公表され

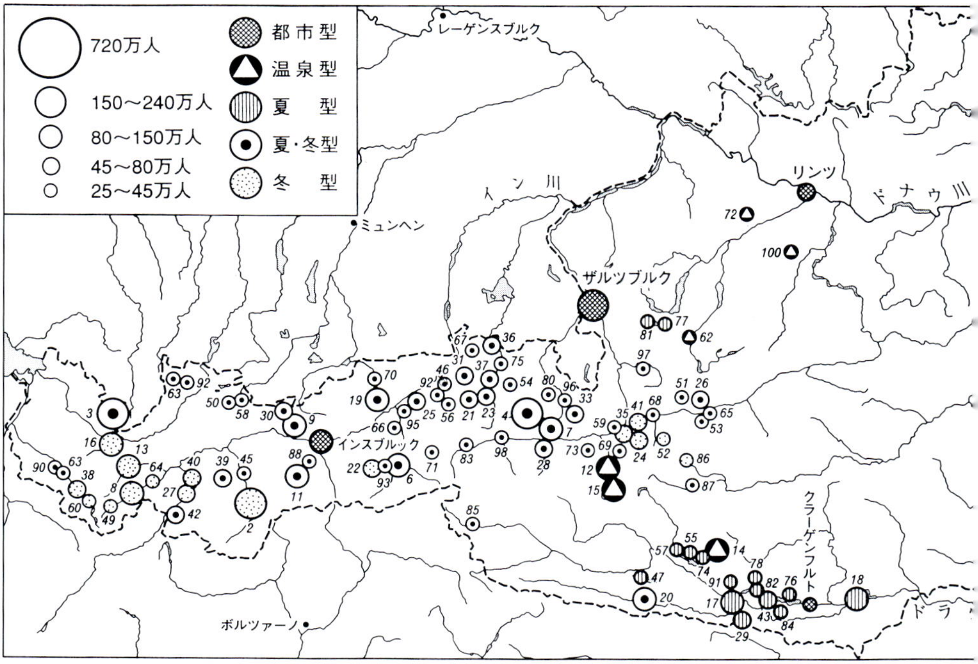

ている。夏半年とは５月から10月まで、冬半年とは11月から４月までのことである。図中の数字は延べ宿泊客数の順位であり、ここには第100位までの市町村を示した。

100の市町村を、次のように五つの類型に分類した。まず平均宿泊数が極端に少ない６都市を「都市型」とした。図で都市名を記した６都市（ウィーン、リンツ、ザルツブルク、グラーツ、クラーゲンフルト、インスブルック）がそれである。

次にウィーンの南方バーデンのほか、バートという名称をもつ八つの市町村の計９市町村を「温泉型」とした。いずれも温泉により発展したリゾートである。のこる85市町村については、夏比率（夏半年の延べ宿泊客数を年間の延べ宿泊客数で割った比率）が３分の２以上のところを「夏型」、３分の１に満たないところを「冬型」、３分の１以上、３分の２未満のところを「夏・冬型」とした。その数は「夏型」が16市町村、「冬型」もたまたま同数で16市町村、「夏・冬型」が53市町村である。

図では、延べ宿泊客数を段階化して円の大きさで表現したうえで、これら五つの類型を記号で示してある。また、５類型別にいくつかのデータを算出し、それを次頁の表に示した。表中の平均宿泊数は、延べ宿泊者数を投宿客実数で割った値である。1961-1997増とは、1961年の延べ宿泊客数と比べて、1997年に何倍になったかを示している。高級ホテルとは、５つ星・４つ星で示されるホテルである。

これらの諸類型に属する市町村について、図と表をもとに検討し、代表的ないくつかの市町村について、簡単に説明する。

（浮田典良）

1 ウィーン	21 キルヒベルク	41 アルテンマルクト	61 シュルンス	81 サンクト・ギルゲン
2 ゼルデン	22 トゥックス	42 ナウダース	62 バート・イシュル	82 オシアッハ
3 ミッテルベルク	23 キッツビューエル	43 フェルデン	63 タンハイム	83 ノイキルヘン
4 ザールバッハ・ヒンターグレム	24 フラッハウ	44 バーデン	64 カップル	84 コイチャッハ
5 ザルツブルク	25 ヴィルトシェーナウ	45 レンゲンフェルト	65 シュラートミング	85 サンクト・ヤコブ
6 マイヤーホーフェン	26 ラムザウ	46 ゼル	66 フューゲン	86 トヴェング
7 ツェル・アム・ゼー	27 ゼルファウス	47 ヴァイセンゼー	67 ヴァルヒゼー	87 サンクト・ミハエル
8 イシュグル	28 カプルン	48 バート・タッツマンスドルフ	68 ラートシュタット	88 フルプメス
9 ゼーフェルト	29 フィンケンシュタイン	49 ガルテューア	69 グロッサール	89 クラーゲンフルト
10 インスブルック	30 ロイタッシュ	50 レアモース	70 アッヘンキルヒ	90 チャグンス
11 ノイシュティフト	31 エルマウ	51 フィルツモース	71 ゲルロス	91 トレッフェン
12 バート・ホーフガスタイン	32 リンツ	52 ウンタータウエルン	72 バート・シャラーバッハ	92 グレン
13 サンクト・アントン	33 マリア・アルム	53 ローモース・ウンタータール	73 ラウリス	93 フィンケンベルク
14 バート・クラインキルヒハイム	34 グラーツ	54 フィーバーブルン	74 ラーデンタイン	94 ホップガルテン
15 バート・ガスタイン	35 ヴァグライン	55 ミルシュタット	75 キルヒドルフ	95 ライト
16 レッヒ	36 ケッセン	56 ヴェステンドルフ	76 ペルチャッハ	96 ザールフェルデン
17 フィラッハ	37 サンクト・ヨハン・イン・チロル	57 ゼーボーデン	77 サンクト・ヴォルフガング	97 アプテナウ
18 サンクト・カンツィアン	38 サンクト・ガレンキルヒ	58 エーアヴァルト	78 シュタインドルフ	98 ミッタージル
19 エーベン	39 サンクト・レオンハルト	59 サンクト・ヨハン・イン・ポンガウ	79 ポータースドルフ	99 バート・ヴァルタースドルフ
20 ヘルマゴル	40 フィス	60 ガシュルン	80 レオガング	100 バート・ハル

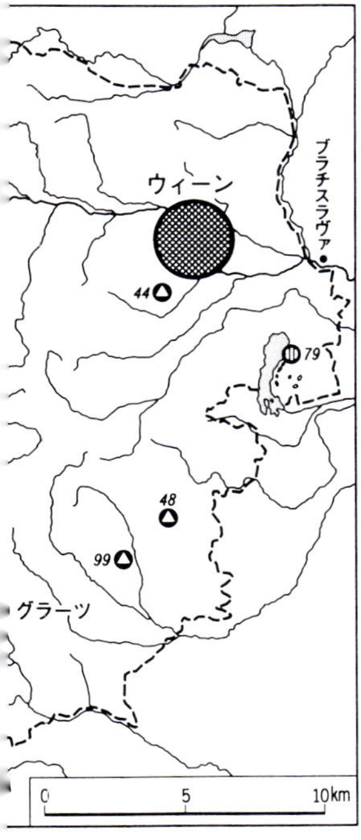

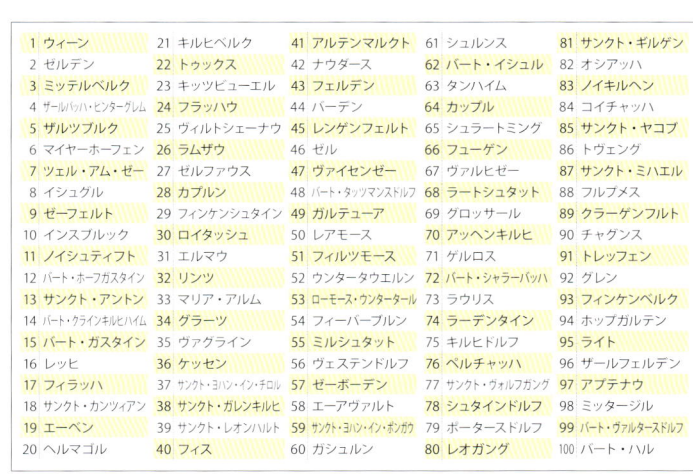

オーストリアにおける延べ宿泊者数の多い100市町村の位置と類型

浮田典良（2000）「観光統計とガイドブックを通じてみたオーストリア」神戸学院大学人文学部紀要20, 8頁。

● 宿泊滞在日数からみたタイプ分け

オーストリアの観光（2）

都市型

　首都および五つの州の州都であるこれら6都市は、平均宿泊数が少ないのが最大の特徴である。平均宿泊数の全国平均は4.57泊であるが、これらの6都市の平均宿泊数の平均は、その半分に満たない2.19泊である。最も多いウィーンでも2.45泊、次がクラーゲンフルトの2.25泊で、のこる4都市は2泊に満たない。これは、観光客のほかに多くの用務客が宿泊しているからであり、これらの都市のホテルに泊まって、朝食の際に観察してみると、単身の宿泊客が多く、その大部分はネクタイを締めた働き盛りの男性である。観光客も長期滞在の客よりも短期滞在の客が多い。
　宿泊施設のうちではホテルが多く、民宿や休暇用貸しアパート、キャンプ場などはごく少なくて、6都市の合計でみると、表に示したように、延べ宿泊客数の90.19％がホテルである。特に5つ星・4つ星の高級ホテルが59.27％を占めている。ウィーンはホテル比率が93.91％、高級ホテル比率が65.08％で、特に高い。

温泉型

　オーストリアはスイスに比べると温泉が多く、延べ宿泊客数上位100市町村の中に、九つもの温泉地が含まれる。ヨーロッパの温泉は日本のそれと異なり、今でも専門医の指導のもとでの温泉療養を目的としたところが多い。その場合は2、3週間滞在することが多いので、九つの温泉地の平均宿泊数の平均は7.16泊で、五つの類型のなかでは最も長く、特にバート・ハルでは13.33泊、バート・シャラーバッハでは12.32泊である。夏比率は平均53.16％で、季節的な偏りは少ない。なお、外国人は少なく、オーストリア人が圧倒的に多いのも、温泉型の大きな特色である。

観光地の5類型の比較

	市町村数	平均宿泊数	夏比率	1961-1997増	ホテル比率	高級ホテル比率
全国	100	4.57	5.05	2.28	63.69	25.01
都市型	6	2.19	62.75	2.11	90.19	59.27
温泉型	9	7.16	53.16	1.52	57.75	32.64
夏型	16	6.30	89.79	1.79	58.12	21.28
夏・冬型	53	6.13	45.96	3.33	64.95	25.32
冬型	16	6.16	23.28	4.54	67.25	25.71

浮田典良（2000）「観光統計とガイドブックを通じてみたオーストリア」神戸学院大学人文学部紀要20, 9頁。

夏　型

　都市型と温泉型を除く85市町村のうち、延べ宿泊客数の3分の2以上が夏半年に集中する「夏型」は16市町村であるが、その分布をみると、図に示したように、13市町村はケルンテン州に集中しており、それ以外は、ザルツブルク東方のザルツカンマーグートのヴォルフガング湖に面するサンクト・ヴォルフガングとサンクト・ギルゲン、およびブルゲンラント州のノイジードラー湖東岸のポーダースドルフだけである。ケルンテン州でも、ヴェルター湖、オシアッハー湖、ミルシュテッター湖、ヴァイセン湖などの湖水を中心とする地域に集中している。

　筆者は1999年8月、ヴェルター湖南岸のマリア・ヴェルト（延べ宿泊客数213,861人で100位以内にはない）で3泊、さらにヴァイセン湖付近の農家民宿に3泊して、ケルンテン州の湖畔保養・行楽地の状況を観察したが、水泳、ボート、ヨット、モーターボート、ウインドサーフィン、水上スキーなど、さまざまな水上スポーツに興ずる人々の姿がそこにあった。ケルンテン州のこれらの湖のある低地帯は、ドナウ川の支流ドラウ川の流域に位置するが、これらの湖はドラウ川の流路と直接には繋がっておらず、流入する河川が少ないので夏には水温が上がり、ベデカやミシュランのガイドブックによれば、ヴェルター湖では7～8月の水温が28℃に達するという。

冬　型

　夏半年の宿泊客が3分の1に満たず、冬半年が3分の2以上を占める「冬型」の市町村は、たまたま夏型と同数の16市町村で、その分布はチロル州とフォアアールベルク州の境界の山地を中心とする地域、チロル州南西部のイン川上流のスイス国境に近い地域、イン川支流のエッツ川の谷（エッツタール）上流のゼルデン、ツィラー川の谷（ツィラータール）上流のトゥックス、およびザルツブルク州南東部の山間部にみられる。いずれも、冬のスキー場として優れた条件をもち、スキーリゾートとしての開発が進んだところである。日本のスキー場では週末1泊または日帰りのスキー客が大多数を占めるのに対し、オーストリアでは2週間前後の長期滞在が通常であり、したがって延べ宿泊客数も多くなるわけである。

夏・冬型

　夏半年、冬半年とも3分の2を超えない市町村を「夏・冬型」としたわけであるが、これは全体の過半、53市町村を数える。冬にはスキーができ、夏には保養客、ハイキング客も訪れるというところであり、図にみられるように、その分布はアルプスに限られる。州別にみると、最も多いのがチロル州の31市町村、次にザルツブルク州の15市町村、シュタイアマルク州北西部の3市町村、フォアアールベルク州の3市町村であり、ケルンテン州は南西部のヘルマゴルだけである（ここではイタリアとの国境をなす山地でスキーができる）。

（浮田典良）

● 最新の人口動向をみる

オーストリアの地域中心都市

地域中心都市とは

　ここで、オーストリアの地域中心都市の人口動向から、地域の変化を探ってみよう。オーストリアは九つの州からなっており、それぞれに州都が置かれている。州の下位の行政区画には郡があり、郡より下位には、日本の市町村にあたる基礎自治体がある。日本の人口最下位の市は歌志内市であり、その人口は4,387（2010年国勢調査）である。日本の市と比較しても明らかであるが、浮田の設定した人口7,000を下回ると、およそ都市としての実態をなさないため、ここでは2001年の人口7,000以上の郡の行政中心を、地域中心都市とした。地域中心都市には、都市圏内にある郊外の市を含まないようにするため、郡の行政中心とした。

　オーストリアの利用可能な国勢調査は2001年のものであり、ここでは2001年国勢調査の人口と、各市の集計による2009年の人口とを比較して図示した。

人口動向から見た地域の変化

　それぞれの州においては、フォアアールベルク州を除き、州都の人口が最も多い。フォアアールベルク州の州都はブレゲンツであるが、ドルンビルンとフェルトキルヒ

オーストリアの地域中心都市の人口動向（2001～2009年）
Statistik Austriaにより作成。

● 28

の方が人口は多い。シュタイアマルク州北部とオーバーエスターライヒ州南部とニーダーエスターライヒ州南部にはアルプスの山地があるため、人口7,000を超える市はみられない。

　図中の記号の濃淡で示した人口増減について見てみよう。青色の円は、2001年から2009年までに人口減少した市を示しており、シュタイアマルク州の北部と西部に多い。

　一方、同州の州都であるグラーツでは、この間に人口は12.3％増加した。グラーツには、自動車部品関連産業が集積しており、その品質の評価は高く、近年には工場の新設もあった。このような自動車関連工業を支えるのが、大学をはじめとする研究教育機関の存在である。大学等の高等教育機関では、優れた人材を供給するとともに、企業との連携によって最先端技術の研究開発が行われている。このような自動車産業の活況が人口の増加に結びついているのである。

（藤塚吉浩）

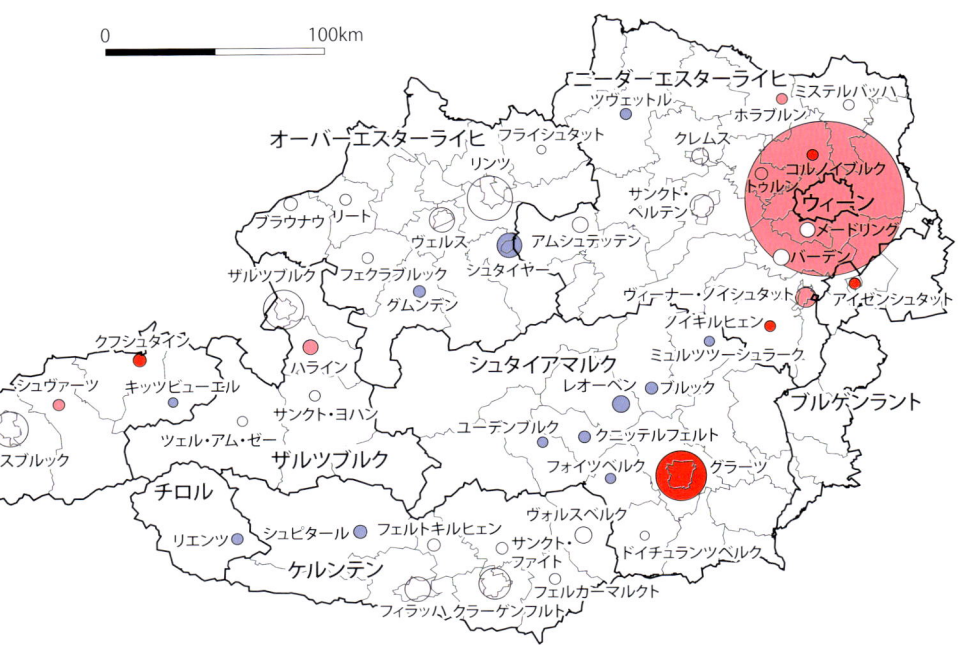

● 世界最初の山岳鉄道

オーストリアの鉄道

オーストリアとはどんな国？

国内の鉄道網

　オーストリア国内の交通は、おしなべて整備が行き届いている。国内をくまなくまわろうとする旅行者は、鉄道をはじめとする交通機関の恩恵を十分に実感できるはずである。

　オーストリアの主な鉄道は、オーストリア連邦鉄道（ÖBB）の路線である。そのほとんどはハプスブルク帝国時代に敷設されており、山国オーストリア国内を縫うように鉄路が走っている。

　なかでも圧巻なのがセンメリンク峠を越える路線であろう。帝国時代、内陸に位置するウィーンにとって、地中海に面する港町とのつながりはきわめて重要であった。その要求にこたえるように、19世紀の富豪ロスチャイルド家が鉄道事業に乗り出す。1848年にウィーンから当時の帝国最大の港町、トリエステ（現在はイタリア）へといたる南部鉄道が建設された。しかし、標高898mの峠越えの路線建設は、難航をきわめた。きっちりと積み上げられた石橋が谷を渡り、いくつものトンネルで越えてゆく鉄道線は、1998年に世界遺産に登録されている。列車に乗れば、急勾配を今も機関車があえぎながら登ってゆくさまが実感できるが、峠付近まで車で出かけ、石橋をゆっくり越えてゆく列車の遠景もなかなか見応えがある。

多様な国際列車

　オーストリアの鉄道で興味深いのは、国内線が国境を越えることだろう。ウィーンから西へとインスブルックに向かう列車は、リンツやザルツブルクを経て、一度ドイツに出てしまう。そしてドイツの町ローゼンハイムを経由して再びオーストリア国内に入ってインスブルックに到着という具合である。直行するには山がさえぎり、国外に迂回したほうが近道という、山がちな国土ならではの事情によっている。

センメリンク峠（2011年）
山岳地を縫うように走るオーストリアの鉄道でも、最も難所といわれる峠越えの路線である。

● 30

オーストリアの鉄道網（1991-1993年）
Lichtenberger, E. (2002): Österreich. Darmstadt: Wissenschaftliche Buchgesellschaft, p.308により作成。

　なお、オーストリアの列車に乗ってみると気がつくのだが、通常、国内の列車は右側通行になっているのに、ところによって左側通行になっている。たとえばインスブルックの手前で列車が一時、左側を走っている。ヨーロッパ大陸部では、ナポレオンの政策によってイギリスとは逆の右側通行がすすめられた。オーストリアでも、かつて左側通行だったものが右側通行に変更されたものの、いまだに完全には移行していないらしい。実に不便なように思われるが、今日まで混在し続けているところをみると、現地ではそれほどの不都合はないのかもしれない。
　一方、鉄道の高速化もめざましく、国内都市を結ぶIC（インターシティ）や国際線EC（ユーロシティ）など特急列車が運行している。また最近は高速鉄道専用線も新設された。特にウィーンからドイツのミュンヘンに向かう路線には直線区間が大幅に設けられ、2008年冬にレールジェットと呼ばれる特急列車が運転を始めた。またウィーンでは、これまでの西駅や南駅といった伝統的なターミナル駅に代わって、通過駅形式の巨大なウィーン中央駅が建設中である。これによってドイツからオーストリアを経てハンガリーなど東欧に向かう移動時間が大幅に短縮されることが期待されている。自動車や航空機との競争が激しさを増すなかで、鉄道の生き残りはやはり高速化しかないのであろう。しかし、これまでの帝国時代以来の鉄道の遺産が失われ、旅の情緒が薄まってしまうのは、旅行者としてはいささか残念でもある。

（加賀美雅弘）

● 多様なツーリストの受け皿

オーストリアのホテルと民宿

めだつ高級ホテル

　オーストリアには年間3460万人もの外国人観光客が訪れており（2011年）、まさに世界屈指の観光国である。宿泊者数も延べ1億2600万人に及び、実に多くの宿泊施設がある。

　宿泊施設には、ホテルやアパートメント、ユースホステルやゲストハウス、ペンション（民宿）などきわめて多様であり、観光客のさまざまなニーズにこたえている。オーストリアのホテルは、他のヨーロッパの国々のホテルと同様、星の数によって5段階、すなわち最高レベルの5つ星ホテルから経済的な1つ星ホテルに分けられている。もともとはオーストリア独自の分類方法を取っていたのが、2010年にホテル・スターズ・ユニオンに加入して以来、ドイツやスイス、ハンガリーなどヨーロッパの多くの国々と共通の基準によるクラス分けへと転換した。これは、ホテルの設備の違いを重視した分類であり、客室の大きさも重要な基準に盛り込まれた。ベッドの大きさも5つ星ホテルのベッドは2m×2m、4つ星では1.8m×2mが基準になっている。

　これらのクラスがそれぞれどれくらいの割合になっているのだろうか。試しにウィーン市観光局のサイトで検索してみたところ、2012年11月時点で利用できるホテルは287軒。そのうち5つ星ホテルが22、4つ星は128、3つ星106、2つ星24、1つ星3、その他4であった。4つ星以上のものが全体の半数以上に及んでいる。ウィーンのホテルが断然高級ぞろいなのは一目瞭然である。

　なかでも5つ星ホテルには、市内最高級のホテルとして知られるホテル・インペリアルやグランドホテルのほか、ウィーン名物ザッハートルテで知られるホテル・ザッハーなど、世界的に著名なホテルが名を連ねている。それらの多くは重厚な歴史的建築物に収まっており、その格調の高さゆえに庶民には近づ

ウィーンの最高級ホテル・ザッハー（2009年）
ウィーンを代表するホテルであり、憧れて訪れる観光客も少なくない。

● *32*

きがたい雰囲気を放っている。いずれもウィーンの旧市街地およびそれを取り巻く環状道路（リンク）沿いに立地しており、旧王宮や歌劇場に隣接していることもあって、まさに観光客憧れのホテルである。

ウィーンに限らず、オーストリアにはハプスブルク帝国時代以来の老舗ホテルが今も健在である。ザルツブルクの目抜き通りゲトライデ小路にあるゴルデナー・ヒルシュのように歴史の重みを感じるホテルも少なくない。インスブルックの旧市街地にあるゴルデナー・アードラーは、かつて18世紀にイタリアへと向かうゲーテが投宿したところ。ホテルの国際的な統合が進むなか、今ではアメリカのホテルグループのメンバーになっているが、経営はともかく、その由緒ある歴史と伝統はぜひとも残してもらいたいものである。

センメリンク峠に建つ長期滞在者向けアパートメント（2011年）
もともと療養目的の施設だったのが、しだいに長期滞在者向けのホテルに発展した。

南チロル地方カステルルート村のペンション（2007年）
まるで別荘のようなくつろぎを楽しむ家族連れが、毎年同じ宿を訪れる。

長期滞在者向けの宿

一方、ホテルとは別に、オーストリアでは長期滞在者向けのアパートメントも人気である。自炊施設が完備しており、廉価にしてゆったりした生活感が味わえる。さらにペンションは家族経営による宿泊施設である。オーナーや他の宿泊客と歓談したり接触する機会が多く、ルームシェアの感覚に近いところもあったりする。特に農村や山岳地などでは、毎年同じペンションで同宿する客同士が仲良しになり、休暇を楽しんでいる姿をよく見かける。2010年夏に北イタリアの南チロル地方のペンションに空き部屋を尋ねたところ、固定客で満室だという。聞けば、たいていの客は昨年滞在の帰り際に今年の予約をしているという。人気のペンションに泊まるのならば、1年以上前に予約するものと肝に銘じておきたい。

（加賀美雅弘）

オーストリアとはどんな国？

● 市民・旅行者の憩いの空間

オーストリアのカフェ

歴史あるカフェ文化

　オーストリアの旅行の楽しみの一つにカフェがある。ウィーンのカフェの歴史は、17世紀にウィーンを包囲したオスマン帝国が残したコーヒー豆にさかのぼるとされるが、定かではない。18世紀にイギリスのカフェハウスの伝統が持ち込まれ、次第に市民の憩いの場所として定着したというほうが、もっともらしい。

　いずれにせよ、オーストリアでは独特のカフェ文化が生まれた。たとえばオーストリアではカフェを名乗りながら、実は食事がとれる場所としても発達した。コーヒーはもちろん、ワインやビール、ワインを炭酸で割ったゲシュプリツァなどの飲み物にはじまり、ウィーン名物のビーフ料理であるヴィーナーシュニッツェルやターフェルシュピッツ、ハンガリー生まれのグーラッシュやパラチンケンといったように料理も豊富である。さらにリンゴでつくったアプフェル・シュトゥルーデルやケシの実を使ったモーンクーヘンなどケーキの品揃えも多い。カフェというと喫茶店と早合点しがちだが、ウィーンでは、カフェは一般市民をはじめ政治家や財界人、ジャーナリスト、作家などの文化人が入りびたり、情報交換をする場所としても発達した。インターネットがなかった時代、人々はカフェに集まり、ゆったりとした歓談の時間を楽しんだ。コーヒー一杯ではかたづかない話のネタも多かったに違いない。

　こうした文化人の憩いの場として発達してきた経緯があるからであろう、カフェの

ウィーン市街地のカフェ（2011年）
高級なカフェばかりでなく、街なかには一般市民が気軽に立ち寄れるカフェがいくつもある。

落ち着いたカフェの空間（2003年）
カフェでは、さながら自宅にいるようなくつろいだ雰囲気で過ごすことができる。

ボーイの振る舞いにも一種独特のものがある。カフェには常連と呼ばれる文化人が出入りしてきた。当然、ボーイも話が合わなければ務まらない、それなりの知識と情報を持ち合わせておく必要があった。彼らにはおのずとプライドが生まれ、客に見合った対応を身につけることになった。その伝統は今も生きており、上客に対する彼らのサービスは実にゆきとどき、オーストリアのカフェ文化の気高さと磨かれたエスプリをそこにみることができる。

ウィーン名物アプフェル・シュトゥルーデル（2009年）
リンゴの酸味を包み込んだスイート。カフェごとに微妙な味の違いがあって楽しい。

コーヒーと水の結びつき

さて、肝心のコーヒーである。オーストリアのコーヒーの種類の多さにも触れなければならない。オーストリアでは、カフェで「コーヒー！」と注文しても埒が明かない。そういう名はメニューにないからである。ブラウナーとかメランジェ、アインシュペナーという名を発しない限り、コーヒーにありつくことはできないのである。アインシュペナーはコーヒーにホイップクリームを乗せたもので、日本のウィンナーコーヒーはこれに近い。

コーヒーについてくる水（2009年）
カフェに限らずウィーンの水道水はおいしい。この町で水を買い求める必要はないだろう。

コーヒーを注文すると水が一緒についてくるのも、オーストリアのカフェならではだろう。そもそもウィーンのカフェで始まったこの「しきたり」は、言うまでもなく、ウィーンの水のうまさに起因している。ウィーンの水道水は、世界でも屈指のうまさだ。その秘密は水源にある。ウィーンの南西200kmにあるアルプスのホッホシュヴァープ山群から、水道水はひかれている。19世紀の水道事業の成果である。以来、ひんやりした美味しい水がふんだんに町を潤している。カフェは、オーストリアを知る絶好の場とみてよいだろう。

（加賀美雅弘）

● 歴史がつくった伝統の味

オーストリアの料理

オーストリアとはどんな国？

まわりの国の料理がごちそう

　新春恒例のウィーンフィルによるニューイヤーコンサート。日本でもライブで放送され、会場である楽友協会の優雅な雰囲気を楽しむことができる。ウィーンゆかりの曲目が並び、趣ある演奏に酔いしれる観客の様子もじかに伝わってくる。

　このコンサートのハイライトは、何と言ってもトリに控えるラデツキー行進曲だろう。ヨハン・シュトラウス1世が1848年につくったこの曲は、勇ましくもリズミカル。今なおオーストリアで人気なのがよくわかる。じつは曲だけではない。その主人公であるラデツキー将軍はオーストリアでは栄光の人物だ。なにしろ将軍が勝利して以来、オーストリアは二度と戦争に勝つことがなかったのである。

　ときは19世紀はじめ。ウィーン会議の結果、オーストリアは北イタリアのロンバルディア地方を獲得した。しかし、ミラノをはじめイタリアの心臓部ともいえるこの地を一方的に支配したのだから、イタリア側の反発があったのはいうまでもない。1848年、抵抗は頂点に達した。激しい戦闘が続いたが、これを鎮圧したのがラデツキー将軍である。行進曲はその勝利をたたえてつくられた。そして北イタリアのこの地方は、1859年までオーストリアにとどまることになる。

　ラデツキー将軍が持ち帰ったのかどうか、それは定かではないが、ミラノのカツレツがウィーンに伝わった。名前もコストレッタ・アッラ・ミラネーゼがヴィーナー・

ウィーンで有名なヴィーナー・シュニッツェルのレストラン入口（1997年）

シュペック（豚肉の燻製）を売るザルツブルクの市場 　　　　　　　　　　　　　　　　　　　　　　　　（2011年）

シュニッツェルに変わった。ウィーンを代表する料理の誕生である。のした牛肉に細かいパン粉をまぶして揚げたトンカツに似た風貌。あつあつのところにレモンをふれば、ビールでも赤白ワインどれでもしっくりくる。

　実は、もともとよその土地の料理だったものがウィーンやオーストリア料理の代表格になっている例は少なくない。ハンガリーからやってきたパラチンケンはクレープのようなもの。肉を入れれば食事の中心になるし、フルーツやチョコレートを使えば立派なデザートになる。グーラッシュもハンガリー出身だ。パプリカをふんだんに使ったビーフシチューといったところか。肉料理の添え物になるゼンメルクネーデルは、パンでつくった団子。こちらはチェコ由来だといわれる。いずれも各地からウィーンにやってきた労働者たちが広めたものらしい。

オーストリア風の大皿料理

　ところで、これらオーストリア料理、いずれも原産地と同じかと思いきや、大きな違いがある。味もさることながら、なんといってもボリュームがすごい。オーストリア料理はとにかく量が多いのである。これは国内各地で実感できる。

　たとえばバウエルン・シュマウス。「農家のごちそう」という意味の料理である。ゆでた豚肉、ソーセージ、ザウアークラウト…。大皿に盛られた肉と野菜の数々。まさに農家ならではの料理だが、とても一人分には見えない。そして食後のデザート。レストランで出てくるケーキも容赦ない。ザルツブルク名物のザルツブルガー・ノッカル（109頁）は、山のようなメレンゲのオーブン焼きだ。デザートは別腹とはいえ、いったいどこに入るのか、想像すらつかない。

　じつは、これには理由がある。肉にしても砂糖にしても、ヨーロッパではかつては高価なぜいたく品だった。それが19世紀になると、産業の発達とともに市民のなかにこれらを口にできる人が増えてきた。こうした経緯があって、いずれもステータスシンボルとみなされるようになったのである。豊かさを味わうことも、料理にはつき物というわけである。

　以前に南チロル地方に出かけたとき、とあるレストランに入り、ここはイタリアだから、というわけで第一皿にスパゲティ、第二皿にステーキを注文したことがある。かつてオーストリア領だったこの地域も、いまやイタリアの文化がかなり浸透している。しかし、出てきたスパゲティをみて腰が抜けそうになった。明らかにそれはイタリアのスパゲティではなく、オーストリアのスパゲティだったからである。

（加賀美雅弘）

●町と村でつくられる酒
オーストリアのビールとワイン

町の名物　ビール

　意外に知られていないが、オーストリアは世界的なビールの消費国である。2011年の1人当たり消費量をみると、チェコに次いで世界第2位。108.2リットルは、第3位のドイツ（107.6リットル）を上まわっている。ちなみに日本は43.8リットルに過ぎない。統計でみる限り、オーストリア人は日本人の2.5倍もビールを飲んでいることになる。

　これだけ大量に飲まれているのだから、国内には相当の数の醸造所があって不思議ではない。実際、オーストリアのビールの歴史は古い。中世にはすでに、各地の修道院で独自のビールがつくられていた。しかし、生産量が飛躍的に伸びるのは19世紀以降のことである。麦芽を低温で貯蔵するための冷蔵技術が発達し、温度管理ができるようになったことから、ビールは季節を選ばずに生産されるようになるのである。ここからビールは従来の農産加工品としての性格を離れ、工場において年間を通じて同じ品質で、しかも大量に生産される工業製品へと変貌してゆく。

　こうした経緯があって、ビールの生産は主に都市で行われている。それは、ビールの銘柄に町の名前がついていることからもわかる。ザルツブルクのザルツブルガー・シュティーグルをはじめ、ウィーンの代表的なビールであるオッタクリンガーはウィーン市内のオッタクリング地区、オーストリア南部の都市グラーツの代表的なビールであるプンティガーマーは市内プンティガム地区での創業に由来する。

ウィーン・オッタクリングのビール工場（2009年） 　　南シュタイアマルクワイン街道（1996年）

ところで、19世紀オーストリアで名をなしたビールにドレーアがある。ウィーン東郊に大工場を擁するヨーロッパ屈指の大企業だった。しかし、ハプスブルク帝国の崩壊とともにビール会社は倒産してしまう。にもかかわらず、今もドレーアを名乗るビールがハンガリーの首都ブダペストと、イタリアの港町トリエステにそれぞれある。いずれもかつて帝国有数の大都市だったところだ。ビールを手がかりに歴史をたどってみるのもおもしろそうである。

村の名物　ワイン

　ビールが工業製品なのに対して、ワインは限りなく村でつくられる農産加工品である。ブドウのでき具合でワインの質は大きく異なり、当たり年のものはヴィンテージを名乗る。何よりワインの生産には旬がある。年中同じ質で生産されるビールとはわけが違う。
　オーストリア国内の代表的な産地は、ブルゲンラント、ヴァッハウ、ワインフィアテル、シュタイアマルクである。地図を見ればわかるが、いずれもオーストリアの東部に位置する。夏に大陸性の高気圧に覆われ、高温で乾燥する地域で、ワインはつくられているのである。
　うまいワインにありつけたければ産地に行くのがよい。ブルゲンラント州のルスト（71頁）、ワインフィアテルのレッツ（78-79頁）、ヴァッハウのデュルンシュタイン（84頁）、南シュタイアマルクのワイン街道（136-137頁）では、どこでも個性豊かなワインが手に入る。
　ただし、産地だけでなく品種もワイン選びの大きな決め手になる。品種ごとの特徴がわかっていると、ワインは一段と楽しいものになる。オーストリアの白ワインといえば、グリューナー・フェルトリーナーだろう。すっきりした味わいが好まれるからか、国内どこでもリーズナブルな価格で手に入る。どんな料理にも合う万能選手だ。その一方で、オーストリアワインの個性は、赤ワインにあるように思われる。その最右翼はツヴァイゲルトだろう。1922年にオーストリアの醸造家ツヴァイゲルト博士が開発した品種で、渋みが弱く軽やかな味わいを特徴とするオーストリアならではのワインである。ただ、赤にこだわるならば、ブラオアー・ポルトギーザーやブラオフレンキッシュといった古い品種もおすすめしたい。この品種はケーコポルトーやケーコフランコシュというハンガリーの代表的な赤ワインでもあり、ヨーロッパ東部の暑い夏の産物である。とかくアルプスの山岳地帯のイメージが強いオーストリアで、赤ワインを傾けながらハンガリーへと続く広大な平原に思いをはせるのも悪くない。

（加賀美雅弘）

オーストリア 九つの州

(地図)

- チェコ
- スロバキア
- ドイツ
- ハンガリー
- スイス
- リヒテンシュタイン
- イタリア
- スロベニア

州名・都市名：
- フォアアールベルク（ブレゲンツ）
- チロル（インスブルック）
- チロル（南チロル）
- チロル（東チロル）
- ザルツブルク（ザルツブルク）
- オーバーエスターライヒ（リンツ）
- ニーダーエスターライヒ（サンクト・ペルテン）
- ウィーン
- ブルゲンラント（アイゼンシュタット）
- シュタイアマルク（グラーツ）
- ケルンテン（クラーゲンフルト）
- オーストリア

0 100km

オーバーエスターライヒ州 　　ニーダーエスターライヒ州 　　ブルゲンラント州 　　ウィーン州

ザルツブルク州

オーストリア
九つの州

シュタイアマルク州 　　ケルンテン州 　　チロル州 　　フォアアールベルク州

1 ● 一つの州として扱われる首都
ウィーン特別市

観光客として見たウィーン

　首都ウィーンは、他の八つの州と並べて一つの州として扱われている。面積は415km²で、州のうち最も狭いが、人口は170.3万（2012年）で、最も多い。

　ウィーンに住んだことのある（または今も住んでいる）人がウィーンについて書いた本は、今私の手許にあるものだけでも十数冊を数える。美術関係の人が書いた本、音楽を中心としたもの、19世紀末の建築に関するもの、ウィーン滞在中の見聞・体験を綴ったもの、ウィーンの歴史、ウィーンのカフェ、その他いろいろな立場からウィーンについて書いた本が出ていて、それぞれ興味深い。

　私はこれまで、旅行者としてウィーンを訪れたことは十数回あるが、ウィーンに住んだことは一度もない。滞在日数はせいぜい一週間止まりで、ときには一泊だけで次に移動したこともある。だから、ここで述べるのは、あくまで旅行者ないし観光客の目で見たウィーンである。私自身のささやかな体験・見聞に即して、いくつかのトピックを拾っていきたい。　　　（浮田典良）

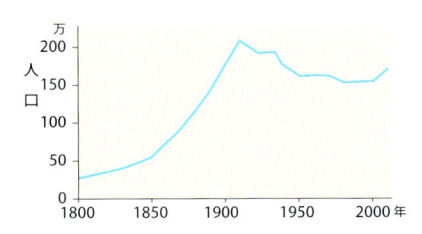

ウィーンの人口（1800-2008年）

フンデルトヴァッサーの設計によるシュピッテラウのゴミ焼却場（1999年）

大観覧車（1999年）

ウィーンを楽しむために

　本書にはウィーンの11章があるが、これは読者の皆さんにウィーンの楽しみを存分に享受してもらうためである。ウィーン

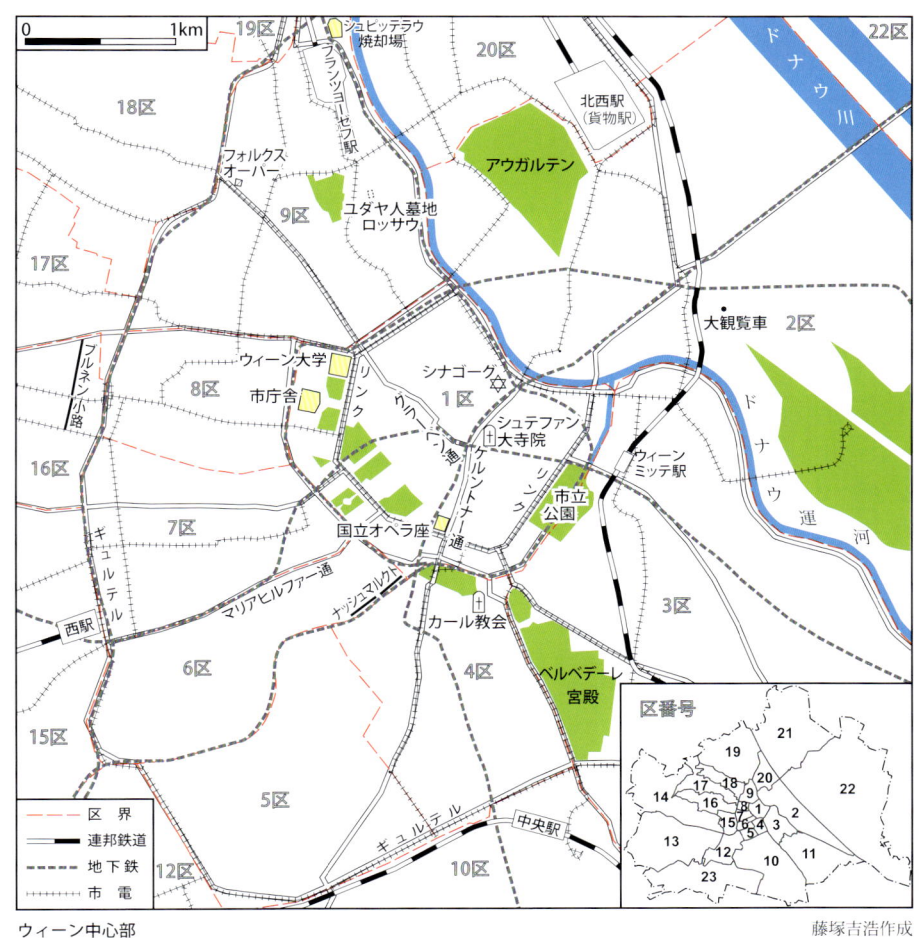

ウィーン中心部　　　　　　　　　　　　　　　　　　　　　　　　　藤塚吉浩作成

　市街のコンパクトな構造を②で理解して、まずは③で旧市街を楽しんでいただきたい。そして、④で便利な路面電車を活用し、⑤で音楽の都を実感していただくことになる。ウィーンに慣れてきたら、⑥と⑦で地元の人たちの楽しむ場所にも訪れてもらいたい。ウィーンを俯瞰するためには、映画『第三の男』にも使われたプラーターの大観覧車に乗ってみると良い。美術に関心があれば、ベルヴェデーレ宮殿とともに、ウィーン分離派展示館が必見であろう。

　ウィーンの歴史をさらによく理解してもらうために、⑧と⑨がある。ウィーンに飽きたらず、ぜひとも⑩と⑪の郊外にも訪れてもらいたい。　　　　　　　（藤塚吉浩）

2 ウィーンの概観
● 環状道路（リンク）に囲まれたコンパクトな町

　ヨーロッパの都市のうち、日本からノンストップで飛べるのは、ロンドン・パリ・フランクフルトなどの都市がある。1990年頃まで、私はパリかフランクフルト経由が多かったが、その後チューリヒに変え、近年はたいていウィーン直行便を選んでいる。それはウィーンという町が、旅行者にとってたいへんありがたい町だからである。

コンパクトにまとまった町

　最もありがたい点は、ウィーンという大都市がコンパクトにまとまっていて、旅行者にとって便利なことである。ウィーンは第一次世界大戦まで、広いオーストリア・ハンガリー帝国の首都として繁栄していた。大戦前夜の1910年の人口は203.2万を数え、ロンドン、パリ、ベルリンに次ぐヨーロッパ第4位の大都市であった。大戦の結果、小国オーストリアの首都に過ぎなくなったウィーンの人口は、1920年には184.2万に減り、第二次世界大戦後の1961年には161.5万、その後ほとんど増減がなくて、1999年は160.7万である。20世紀初頭に比べて人口が2割も減っているウィーンのような町は、世界的にみても例は少ない（42頁）。

　古いガイドブックに載っているウィーンの地図と現在のそれとを比べてみても、市街地の広がりはあまり変わっていない。そして旅行者にとっての見どころが、中世からの旧市街（1区）と、それを取り巻く環状道路（リンク）沿

ウィーンの中心街（2001年）
着陸前の機内から撮影。

国立オペラ座（1999年）
1869年5月建、開場。第二次世界大戦で戦災を受け、その後再建され、1955年11月再開場。

いにほとんど集中している点もありがたい。

ウィーンを訪れてまず感動するのは、広くて美しい環状道路（リンク）であるが、これはかつての囲郭を取り払ったあとに壮大な計画にしたがって造られたものである。

偉容を誇る環状道路（リンク）

中世のヨーロッパの都市はたいてい、堅固な囲郭に囲まれていた。囲郭は石や煉瓦を厚く積み上げた市壁であったり、さらに外側に濠を回らせたりしていた。

ハプスブルク帝国の首都ウィーンの囲郭は、近世に入ってからオスマン帝国軍の来襲に備えて、さらに堅固なものに改造され、市壁には「稜堡」と呼ばれる外側への出っ張り部分や幅の広い「斜堤」が設けられ、それによって市街が取り巻かれた。1683年、25万人に及ぶオスマンの大軍を撃退することができたのは、この堅固な囲郭のおかげであった。

その後、囲郭の外側にも新市街が広がったが、かつての防衛前線としての幅の広い囲郭は、19世紀半ばまで、ほぼその姿をとどめていた。

この囲郭を取り払い、その跡に広い環状道路を造ろうという構想は、すでに18世紀から生まれていた。19世紀半ばになっていよいよ実現へと動き始め、1858年からその撤去が始まり、コンペによって決まった新たな都市改造案をもとに、現在みられるような幅の広い環状道路（リンク）が建設された。完成は1865年である。そしてそれに沿って国立オペラ座、美術史博物館、自然史博物館、新王宮、さらには国会議事堂、新市庁舎、ブルク劇場、ウィーン大学など、偉容を誇る建造物群が次々に建設されたのである。これらのうち最後にできたブルク劇場の完成は1883年のことであった。

1999年12月、カール教会に近いウィーン市歴史博物館を訪ねたら、特別展が開かれていて、コンペで不採用となったいくつかの興味深い改造案の図面が展示されていた。1世紀半も昔のそういう図面を大事に保存してあることにも感心した。

（浮田典良）

環状道路（リンク）（1999年）

市庁舎（1999年）

● 観光客でにぎわう町並み

ウィーン旧市街

歩行者専用のケルントナー通り

　環状道路（リンク）に面する国立オペラ座の横から旧市街の中心シュテファン大寺院に通ずるケルントナー通りは、歩行者専用になっていて、四季を通じて人通りが絶えない。どんな店が多いか、1999年の夏、試みに北西側の店を数えてみたら、下の表のようになった。最も多いのは紳士服・婦人服の8店、宝飾品の6店、化粧品と時計の5店。表のほかにカメラ店、眼鏡店、タバコ店、子ども服・子ども用品の専門店、テーブルウェア店、オーストリア各地の民芸品店、音楽のCD専門店、カフェ、イタリア料理店などが各1店あった。宝飾品6店のうちの一つは有名なプチ・ポアンの店であるが、間口が小さいからうっかりすると見過ごしてしまう。

　通りを歩いているのは、大部分が観光客だろう。こちらもその一人。同類がたくさんいるなと思って気が休まる。東京の丸の内のように、背広・ネクタイ姿のビジネスマンがせかせか歩いていたりしないのがいい。日本の観光客に出くわす

ケルントナー通りの北西側の店舗構成

紳士服・婦人服	8
宝飾品	6
化粧品	5
時計	5
銀行（両替）	3
靴	3
ホテル	2
下着類	2
陶磁器	2

1999年の現地調査による。

歩行者専用のケルントナー通り（1999年）

ケルントナー通りでガイドの説明を聞く団体観光客
（1999年）

46

頻度も高い。統計によると、オーストリアを訪れる観光客数（延べ宿泊者数）のうち日本人は、全国的にみれば0.5％だが、日本人観光客の3分の2はウィーンだから、ウィーンだけについてみると、観光客全体の5％を超える。
　ケルントナー通りと交差する小路も、たいてい歩行者専用になっていて、こぢんまりした店やプチホテルなどが並んでいる。われわれが定宿にしているプチホテルも、そういう小路の一つ、クルーガー通りにある。歩行者専用部分の終点にあたり、反対側からは自動車が進入できる。空港からのタクシーはホテル玄関に着けるし、ホテルの部屋で一休みしたら、すぐケルントナー通りへ出て、気分的にくつろげるし、具合がよい。

シュテファン大寺院（1999年）

シュテファン大寺院

　歩行者専用のケルントナー通りを600mほど行くと、シュテファン大寺院に着く。パリのノートルダム大寺院、ケルンのドームと同様、ここも一年中観光客が多い。ウィーン観光の目玉と言っていいだろう。
　クリスマスにも同様だった。1999年12月、本場のクリスマスのミサを体験したいと思って、24日午後10時過ぎ、しっかり着込んでシュテファン大寺院へ出かけた。11時過ぎまで冷え込む屋外で待たされ、やっと入ると祭壇の前の中央ブロックは正規の信者さんのために確保されていて、われわれ「見物客」は左右のブロックである。それでも、早くから開くのを待っていたわれわれは、ブロックの前の方に座ることができ、これならミサの進行もよく見えるだろうと期待していたのに、ミサが始まるころになると、遅れてきて席のない見物客が、ブロックとブロックの間の通路に無遠慮に立ちはだかり、全然見えない。始まっても依然ざわざわとした人の出入りが止まず、期待した荘厳さとは程遠かった。
　次回は敬虔な信者だけが集まる小さな教会へ行こう、とそのとき思ったが、考えてみると、そういうミサに出て、異教徒はどう振る舞えばいいのか、肩身の狭い思いで片隅に縮こまって、ということになるのかもしれない。
　観光客の多い行事は「本物」ではない、とは必ずしも言えない。京都の祇園祭だって、今では祭りの本来の趣旨とは無縁の観光イベントという色彩が濃い。大勢の敬虔な信者もちゃんと参加しているシュテファン大寺院のクリスマス・ミサの方が、宗教行事としてはずっとまともだろう。

（浮田典良）

4 ● 便利な路面電車網
ウィーンの市電

便利な公共交通機関

　ウィーンが旅行者にとってありがたいのは、地下鉄・市電・市バスなどの公共交通機関がきわめて便利なことである。地下鉄が5路線。中心市街を縦横に、また環状に走っているが、それ以上にありがたいのは路面の市電網である。
　環状道路（リンク）には、時計回りに1番、反時計回りに2番の市電が走っていて（2013年現在2番は別路線）、ウィーンに着いたら先ずどちらかで一周すると、それに沿う国立オペラ座、国会議事堂、市庁舎など、19世紀後半に建ったウィーンの代表的建築を車窓からじっくり眺めることができる。一周約25分である（1999年当時）。
　環状道路（リンク）の停留所からは、放射線状に路線が伸びている。フォルクスオーパーへ行こうと思えば、ショッテントーアという停留場で40、41、42番のどれかに乗り換えればいいし、できたてのワインが飲めるホイリゲがあるグリンツィングへは同じく38番に乗り換えればいい。ブドウ畑越しにウィーンの町を俯瞰できるカーレンベルクの丘へは、グリンツィングからさらに38Aという市バスで行ける。
　ウィーンに3日以上滞在するなら、すべてのウィーン市内交通路線が載った「路線図」が便利である。大きな地下鉄駅にあるインフォーメーションで購入できる。
　新聞社特派員として3年滞在した堀野収さんの『ウィーン素描』（1997）によると、ウィーンの市電は総延長185km、路線数35、市電網としてはロシアのサンクトペテルブルグ（旧レニングラード）、オーストラリアのメルボルンに次いで、世界第3位だという。また年間利用者数は2億2000万人（1994年）とのことであるが、これは私が住んでいる京都市（人口はウィーンとあまり変わらない）の、市電利用者数が最も多かった1961～1963年ころの年間利用者数とほぼ等しい。あのころの京都には地下鉄もなく、バスやタクシーの台数は今よりずっと少なくて、市電が市民の最も重要な足であった。
　今のウィーンには最盛期の京都と

市電（1999年）
国会議事堂前のリンクを自動車と並走する。

同じ市電利用者がいて、その上、地下鉄はそれより多い3億2000万人、市バスは1億2000万人（1994年）。いかに公共交通機関が便利かがわかる。タクシーの台数はおそらく京都よりずっと少ないであろう。われわれがウィーンでタクシーを利用したのは、空港とホテルの間、駅とホテルの間（ともに荷物が多かった）を除くと、たった1回（シェーンブルン宮殿からドナウ塔まで）しかない。

低床市電（1999年）
段差なく乗降でき、利便性に優れている。

ウィーンの市電が速く走れる理由

乗ってみるとよくわかるが、ウィーンの市電は日本の路面電車に比べるとずっと速い。それはモーターの性質や性能の違いもあるが、停留所にさっと停まってさっと出発し、停車時間が短いからであり、それは、2両編成の電車に広いドアが7カ所もあり、また、降りる際に運賃を徴収したり、定期券をチェックしたり、といった手間をかけないからだと、前出の堀野さんは言う。その通りであろう。

複数のドアからの乗降（1999年）
乗り降りがとてもスムーズである。

乗客は乗る前に停留所の自動券売機で乗車券を買って乗り込み、車内のスタンプ機に差し込んで乗った地点と日時を刻印してもらう。乗車券は2時間有効、一つの方向を目ざすなら乗り換え自由で、地下鉄・市電・市バスのどれにでも乗り換えられる。また、1回限りの乗車券よりも、24時間乗車券か72時間乗車券を買う方がずっと便利だ。私も通常このどちらかを買う。市民は週単位、月単位の定期券を買うのだと思う。

乗降時にチェックがないから、無賃乗車はいくらでもできる。が、そういう乗客は少ないとみえる。時には突如検札がある。私も市バスで一度経験した。普段着の検札員が前後二つのドアからそれぞれ乗り込んできて、発車と同時に「検札です」と挟みうちにし、次の停留所までに検札を終えた。有効な乗車券がなければ高額の罰金を取られるらしいが、そういう不心得な客は一人もいなかった。

（浮田典良）

5 ● 音楽の都ウィーン
音楽を楽しむ町

ヨハン・シュトラウスの像で有名な市立公園

　旧「囲郭」の東の部分は、環状道路（リンク）の外側が市立公園になっている。1862年開園の美しいこの公園でいつも多くの観光客がカメラを向けているのは、ヴァイオリンを奏でる金色のヨハン・シュトラウスの像である。園内にはほかにシューベルト、ブルックナー、レハールなどの作曲家の彫像もある。
　環状道路（リンク）内側の王宮庭園にはモーツァルトの像が建ち、その前のト音記号をデザインした花壇とともに格好のスナップ対象となっている。

市内に多い音楽家ゆかりの観光スポット

　旧市街の中心、シュテファン大寺院裏手のドーム小路には、モーツァルトが1784年から4年間住み、「フィガロの結婚」などを作曲したフィガロハウスがある。今では記念館として公開されている。このあたりは、旧市街の中でも古い建物が多く残っていて、静かな中庭を自由に通り抜けられるところもある。
　市街の南東部には、広大な中央墓地（240ha）がある。その第2門を入ってしばらく行った左側、第32A区には、ベートーヴェン、シューベルト、ブラームス、ヨハン・シュトラウス、グルックなどの作曲家の墓が並んでいる。なぜか日本人の参詣者が多いと聞いていたが、われわれが訪ねたときにも、若い日本の女性がやってきて、ベートーヴェンの墓に花を捧げていた。

国立オペラ座

　夏はだめだが、それ以外の季節にウィーンを訪れると、国立オペラ座でオペラを楽しむことができる。世界の五大オペラ座の一つ、1869年にできたルネッサンス様式の壮麗なこのオペラ座は、第二次世界大戦で大きな被害を受けたが、戦後いち早く復興が進められ、1955年に再開した。日本からでも葉書で切符を予約できる。われわれは1999

市立公園のヨハン・シュトラウスの像（1999年）
公園は1862年開園。

年3月にはヴェルディの「リゴレット」、12月にはモーツァルトの「フィガロの結婚」を見た。せっかくだからと思って平土間の最上の席（2,300シリング）で見たのであるが、まわりは市民より観光客の方が多そうに思えた。上演は原語（イタリア語）。外国のオペラが日本で上演するときのように、舞台の横に字幕スーパーが出たりしないから、ほとんどの観客には細かな意味はわからないだろう。

　夏には通常閉まっているのに、1999年の夏には、珍しいことに「メリー・ウィドウ」を上演していた。予約していなかったから立ち見席でいいと思って、当日券発売の18時半にそのカウンターに並んだら、立ち見席（100シリング）より少し高い椅子席（150シリング）が買えた。3階の横のボックス席後部（3列目）である。入場券に「視界限定」とあるので「見えない部分あり」かと思ったら、実際はむしろ「見える部分もあり」だった。椅子にどっかり座るとほとんど見えないので、中腰で首を伸ばしていなければならない。むしろ立ち見席の方が良かったかなと思ったが、しかしボックス席のリッチな雰囲気は日本では体験できないから嬉しかった。

ブラームスの墓（1999年）
多くの花が捧げられていた。

市庁舎前広場の音楽フィルム・フェスティヴァル

　夏には市庁舎前広場で開かれる音楽フィルム・フェスティヴァルがおもしろい。市庁舎前の大きな映写幕の前に1,000人分位のベンチが並び、日が暮れるとオペラやコンサートの映画が上映される。スピーカーもすばらしい。2000年8月に、ここでヴェルディの「椿姫」と「仮面舞踏会」を見た。アリアなどの肝腎なところはアップで映されているので、実際に舞台で見るより迫力があった。入場料は無料。ことに「椿姫」は始まる20分前に到着したのに、端の方のベンチにやっと座れた。座れない人たちは、地べたに座り、中には近くの露店のビールジョッキを片手に聞いている人もいた。誰がスポンサーなのか知らないが、毎晩こういうものを無料で楽しむことができる。なるほど「音楽の都」だなと思った。

（浮田典良）

市庁舎前の音楽フィルム・フェスティヴァル（1999年）
21時15分よりヴェルディのトロヴァトーレ。

6 ● ウィーンの魅力の一つ
クリスマスの風情

市庁舎前のクリスマス市

　イタリアの『ドーヴェ』という観光案内誌を翻訳した日本語版が出ている。『るるぶ』に似たオールカラーの楽しい雑誌で、1999年3月に出た第9号『オーストリア』を見ると、オーストリアのどういう点にイタリア人が関心をもっているかがよくわかる。8章のうち2章がウィーン。一つの章は国立オペラ座、シュテファン大寺院、王宮、博物館、シェーンブルン宮殿など、全般的なウィーン案内であるが、もう一つの章は全頁がクリスマスの記事で埋まっている。市庁舎前の市の華やかな夜景など、ウィーンのクリスマスは魅力いっぱいらしい。

　それを見たいと思って1999年12月後半、防寒具を整えてウィーンへ飛んだ。気温は零下1～2℃で、思ったほど寒くない。翌日、さっそく市庁舎前へ行ってみた。広場には色とりどりの縁日風の小屋が整然と並んでいる。クリスマス飾りやロウソク、玩具、菓子、工芸品など。インフォーメーションで頂戴した小屋の配置図で数えたら、全部で138店。1999年は11月13日から12月24日まで。朝は9時から、夜も21時までというので、夜にまた出かけてみた。日中よりも一層のにぎわいで、ことにきれいな色模様のコップを使ったロウソクなどは、夜の方がずっと見栄えがする。

市庁舎前のクリスマス市（1999年）

市庁舎の中で子どもたちのワークショップ（1999年）

　市庁舎の中では子どもたちのための「工作場」が開かれているというので、のぞいてみた。ざっと200人ばかりの子どもたちが青年男女のボランティアに助けられて、木工細工、粘土細工、金属細工、プラスチック細工、蠟細工など、部屋ごとに違ったさまざまな工作に励んでいた。クリスマス市は、親

しい人や世話になっている人に贈るプレゼントを求めるための市であり、この工作場は、自分でプレゼントを作ろうという子どもたちのためのもの。手作りの品をプレゼントするという美風が、オーストリアでは羨ましいことに、まだ健在である。

　市庁舎前広場以外でも、何カ所かで個性豊かなクリスマス市が開かれる。なかでも多くの手工芸品工房があるシュピッテルベルク地区の市は、風変わりな工芸品が並んでいて楽しい。

シュピッテルベルク地区のクリスマス市（1999年）

12月25日のウィーン

　12月24日の深夜には、シュテファン大寺院のクリスマス・ミサを見学したのであるが（47頁）、明けて12月25日は日本の元旦みたいなもの。市民は家庭で親族とクリスマスを祝うのが原則で、店はもちろん、博物館・美術館なども殆ど閉まっている。しかし、一日中ホテルでくすぶっていてもおもしろくない。あらかじめ市のインフォーメーションでもらっておいた一覧表（クリスマス前後、観光スポットが開いているか、閉まっているか）を見たところ、シェーンブルン宮殿の庭園にある大温室と動物園は開いているとわかったので、出かけてみた。

シェーンブルン宮殿の大温室（1999年）

　1883年にできたという、鉄とガラス、2層アーチからなる凝ったデザインの大温室は、面積2,500m^2。外は零度以下なのに、温室内の寒暖計は14℃。ポインセチアやさまざまな蘭。日本のものとして椿が赤い花を咲かせていた。

　ついでその先の動物園に入る。ウィーンの観光スポットとしてシェーンブルン宮殿に次いで入場者数が多いというこの動物園であるが、冬は閑散。カバもトラもゾウもみな屋内の檻の方にいる。屋内は暖房がきいていて、こちらも寒さ知らずの時間を過ごすことができた。

（浮田典良）

7 ● ナッシュマルクトとマリアヒルファー通り
ウィーンの生活に触れる

ナッシュマルクト

　いわゆる観光スポットばかりでなく、庶民生活の一端に触れたいという人にお勧めは、ナッシュマルクトであろう。国立オペラ座の前から南西へ、金色のタマネギを頭に載せたようなセセッションの前を通り過ぎたところから、ナッシュマルクトという食料品市場が始まる。野菜、肉、魚、パンその他さまざまな食料品が並べられ、いろいろな香料を入れた酢を瓶に入れて売っている専門店だの、羊肉のあぶり焼きを包丁でそぎ取ってパンにはさんでくれるトルコ人の店など、個性豊かな店が並んでいる。にぎり寿司の店もある。

　長さ600mにわたって伸びるナッシュマルクトの先では、土曜日に「のみの市」が開かれる。古着や装身具、旧式の電気スタンドその他ガラクタとしか言いようのないものを並べた店、古い絵葉書ばかりを売っている店など、これも退屈しない。

　市場の脇には道路をはさんで「メダイヨン館」「マヨリカハウス」という19世紀の末に建てられたユーゲント様式（フランス語のアールヌーヴォーに類似）の建物が建っていて、格好のカメラ被写体となっている。

　最近の日本の観光案内書には、ナッシ

ナッシュマルクトの青果店（1999年）

ナッシュマルクトの生花店（1999年）

香料入りの酢の瓶を売る店（1999年）

ュマルクトや「のみの市」について写真入りで載せ、ナッシュマルクトの「ナッシェン」というドイツ語は「美食する」という意味で、ここは「食い道楽横丁」だ、などと丁寧に説明しているものがある。カメラを提げた観光客も結構多い。考えてみると、異色の食料品市場である京都の錦小路も、観光情報誌がやたらに書き立てるので、近年は観光客が増え、本来の顧客が敬遠し始めたというし、バンコクの水上マーケットも同様らしい。

そこで、もっぱら市民が買い物をする市を見たいと思って、ウィーン・ミッテ駅（地下鉄なら3号線・4号線のラントシュトラーセ駅）に隣接するウィーン3区の市場へ行ってみた。1階は青果やパン、チーズ、鶏肉、瓶詰め類など50店、2階はもっぱら肉類で35店。肉類の店には表皮を剥いだだけの豚の頭や、牛・豚の内臓がそのまま並んでいたりして、あまり気持ちのいいものではないが、肉やハム、ソーセージなどの値段は、日本の3分の1程度と思えた。

羊肉のあぶり焼きを売るトルコ人の店（1999年）

のみの市（1999年）
左の建物はマヨリカハウス、右はメダイヨン館。

旧式電気スタンドを売る店（1999年）

マリアヒルファー通り

ある年の夏、留守宅の面倒を見てくれた甥への土産に、革の札入れを買って帰ろうと思って、都心のケルントナー通り（46頁）界隈の皮革製品店をいくつかのぞいたが、妙に凝ったデザインのものばかりで実用的なものが少ない。そこで、マリアヒルファー通りへ出かけた。美術史博物館の裏手から、ウィーン西駅へ向かうマリアヒルファー通りには、ゲルングロースやピーク＆クロッペンブルクといった百貨店をはじめ、市民相手の店が並んでいる。百貨店は日本の大都市のデパートに比べると野暮ったいが、皮革製品コーナーには実用性の高い品があれこれ並び、品揃えは抜群だった。

（浮田典良）

8 ● かつてのユダヤ人社会の記憶
ユダヤ人が残した風景

膨張したユダヤ人社会の運命

　かつてウィーンには巨大なユダヤ人社会があった。ウィーンのユダヤ人の歴史は長く、都心に近いロッサウのユダヤ人墓地には、1582年と刻まれた墓石が残されている。とりわけ19世紀半ば以降、産業化とともにユダヤ人人口は急増する。ヨーロッパ各地から多くの労働者とともに、ユダヤ人もウィーンに流れ込んできた。1857年にわずか2,617人だったのが、1900年には146,926人、1934年には176,034人へと膨れ上がっている。

　彼らが特に集住したのは、ドナウ運河の北側、旧市街地の対岸にひろがる2区（レオポルトシュタット区）であった。ここには在来の裕福なユダヤ人社会の出資により多くのシナゴーグ（ユダヤ教会）や学校が建設された。なかでも1857年にテンペル小路に建設されたシナゴーグはウィーン最大の威容を誇り、ウィーン在住のユダヤ人の精神的なよりどころとして彼らの集まる重要な場所となった。

　しかし、1938年のナチスによるオーストリア併合とともに、ウィーン市内のシナゴーグがことごとく破壊され、住民の多くが強制収容所へと連行された。ウィーンに栄えた歴史あるユダヤ文化は徹底的に根絶やしの対象となり、ユダヤ人社会は崩壊してゆく。

旧市街地に残るシナゴーグ（2010年）
ナチス時代に唯一全壊を免れたシナゴーグ。現在はイスラエル文化会館も併設されている。

破壊されたシナゴーグ跡（2009年）
ナチス時代に破壊されたウィーン市内最大のシナゴーグ跡。4本の円柱が跡地を示している。

ユダヤ人社会の記憶

　ナチスによるユダヤ人迫害は広く知られるが、あえてウィーンで起こったことについて述べておかなければならない。

実は、ナチスによるユダヤ人襲撃事件「水晶の夜」に先駆けて、ウィーンでは公衆の面前で道路掃除を強制するというユダヤ人迫害が公式に行われ、その後もドイツよりも徹底したユダヤ人への暴力が続けられたのである。シナゴーグばかりでなく、歴史的なローサウ・ユダヤ人墓地が破壊され更地にされてしまった事実は、ウィーンの反ユダヤ活動がいかにすさまじかったかをよく示している。

　しかも戦後のオーストリア政府は、この国がナチスに併合された被害者であるとの立場を取り続け、ユダヤ人迫害についての謝罪をしてこなかった。1991年にフラニツキー首相が、当時のオーストリアがナチスを支持したことを公式に述べて、ようやくユダヤ人犠牲者への補償を始めたに過ぎない。

　一方、こうした過去への見方の転換とともに、かつてのユダヤ人社会についての記憶をとどめるための作業が始められている。破壊されたシナゴーグの跡地にモニュメントが建設され、掘り返されたユダヤ人墓地を復旧させるために、倒された墓石を元の位置に戻す工事も行われている。ウィーンのユダヤ人がたどった運命を紹介するユダヤ博物館が開設されたほか、収容所に送られ命を奪われたユダヤ人ひとりひとりの記録を記した「記憶の石」と呼ばれるパネルを、彼らが住んでいたアパート前の路上に埋め込む作業も、現在進行中である。

（加賀美雅弘）

ゲシュタポ跡地に建つ記念碑（2011年）
ナチス時代の秘密警察跡。市内に住む多くのユダヤ人に対する迫害がここで指揮された。

ウィーン最古のユダヤ人墓地ロッサウ（2011年）
16世紀にさかのぼる墓地はナチス時代に徹底的に破壊された。現在、修復中である。

記憶の石（2011年）
パネルには犠牲者の氏名と出生年、そして収容所名と死亡年、死因などが記されている。

⑨ 外国人が暮らすブルネン小路
● 観光客にも注目される異文化の街

街をとりまくギュルテル環状道路

　ウィーンの旧市街地からいくらか外側に向かってゆくと、ギュルテルという名の環状道路に出る。ギュルテルとは帯とか地帯をあらわすドイツ語。まさに帯のようにウィーンの旧市街地をめぐるように走る道路である。

　この道は、かつてウィーンを取り囲んでいたリーニエと呼ばれる要塞線の跡をたどっている。ウィーンは永らく堅牢な市壁によって守られてきた。それはとりわけ16世紀に襲来したオスマン帝国の脅威によっている。ウィーンはヨーロッパでも類のない巨大な防衛施設を構築した。古くからの市街地をめぐる内側の要塞とともに、その外側にさらに要塞リーニエを設けた。しかし、それも19世紀初めのナポレオンの強大な軍勢の前ではまったく役に立たず、無用の長物でしかなくなっていた。しかも時はすでに産業化の時代であり、市街地を広げるウィーンにとって、要塞はもはや都市の発展を阻害するものでしかなかった。19世紀半ばに要塞は撤去され、リーニエ跡は環状道路になる。そしてその通り沿いには地方から職を求めてやってきた労働者向けの住宅が建てられていった。

　それから100年あまり。この一帯は、市内でも屈指の外国人が住む地帯になっている。ウィーンに住む外国人といえば、真っ先にあがってくるのがトルコ人である。彼らが多く住む地区を探すと、このギュルテルに沿った地帯がみえてくる。

ギュルテル（2009年）
幅の広い道路の下には地下鉄が走り、写真中央には市電の駅がおかれている。

ブルネン地区の路上市場（2006年）
トルコなどイスラム圏からの商品が並ぶ。ヒジャブをかぶった女性が大勢買い物にやってくる。

外国人が住む地域

　なぜ、彼らはこの地帯に集まっているのか。答えは思った以上にたやすい。安価な住宅が多く分布するからである。なぜ安価なのか。19世紀末あたりに造成された労働者向けの賃貸住宅。これは恐ろしく生活環境が悪かった。1世帯当たり30m²そこそこという狭い住宅。水道やトイレが共用という粗末な施設。密集して日当たりも風通しも悪い住宅が多く建てられた。その多くが今もなお残されている。所得が少なく、事情次第ではいつでも帰国しようと考えている外国人にとっては、都合がよい住宅であった。

　しかし、粗末な住宅が立ち並び、外国人が多く住む地区は、ウィーンの一般市民にとっては魅力があるはずはない。ウィーン市は、こうした事態を改善するために、2000年頃から彼らが住む地区を市街地整備事業の対象地区に指定し、さまざまな改善を行ってきた。たとえば16区（オッタクリング区）のブルネン地区では、住宅の改修はもちろん路上を開放して市場を設けたり、コミュニティセンターを開設して住民の連携を図ったり、さらには多様な文化が展開する観光地区としてのアピールがなされている。ブルネン市場は地下鉄6号線のヨーゼフシュテッター・シュトラーセ駅に近いこともあって、近年はエキゾチックな食料品や料理が並ぶことで知られるようになり、買い物を楽しむ人も増えているという。

　ウィーンのエスニック市場といえばナッシュマルクトが有名で、旅行ガイドブックに必ず紹介され、多くの観光客でにぎわっている。外国人が増える一方のウィーンにおいて、第二のナッシュマルクトが生まれても不思議ではない。世界各地からやってくる外国人が持ち込む文化も、将来はウィーンにとって欠かすことのできない観光資源になるかもしれない。

（加賀美雅弘）

トルコ人の子どもたち（2006年）
ウィーンで生まれた子どもたちの多くはドイツ語を母語のように使いこなしている。

観光化が進むナッシュマルクト（2011年）
エスニック市場として今やウィーンの観光スポットに発展し、グッズも登場している。

10 ● 都会人の隠れ家
ウィーンの森

首都にある森

　ウィーンの北から西にかけて、ウィーンの森と呼ばれる丘陵地が広がる。丘陵地といっても標高484mのカーレンベルクはれっきとした山である。その頂上からのウィーン市街地の眺望はみごとであり、ウィーン市民の誇りでもある。それもそのはず、この一帯は、地形学的にはアルプスの最東端に位置づけられている。ヨーロッパを南北に分けるアルプスが東に向かって徐々に高度を下げ、ドナウ川畔で沈み込む直前に広がるのがウィーンの森である。

　一帯にはブドウ畑が広がり、のどかな田園風景が展開している。ブドウはワインに仕上げられ、ホイリゲという名の酒場で市民にふるまわれている。18世紀末のヨーゼフ二世の時代に、市内のワイン醸造業を保護する勅令が出されて以来、ここではワインが造られ続けてきた。世界ひろしといえどもワイン蔵が並ぶ首都はウィーンくらいのものであろう。

　ウィーンの森は、ウィーン市民の憩いの場所である。いったん歩き出せば、ブナやトウヒの鬱蒼とした森のなか、誰とも出会うことのない孤独の時間を堪能することができる。かつてハプスブルク帝国の皇太子ルドルフが男爵令嬢マリア・フォン・ヴェツェラと情死したことで知られるこの森には、あたかも世を疎んじる者に安らぎを与えてくれる魔力が潜んでいるかのようである。

カーレンベルクからの眺望（2010年）
ブドウ畑の先にウィーンの市街地が一望できる。遠くにスロバキアの山並みも見える。

ホイリゲの入口（2003年）
ホイリゲの入口には酒林に似たモミの木の枝を編んだものがぶら下がっている。

森の散歩の楽しみ

さて、森の散歩の疲れを癒してくれるのがホイリゲである。夏ならカエデやマロニエの木の下で、森から降りてくる爽やかな空気を味わいながら、新種のワインを楽しむことができる。冬ならば、暖炉のまったりとしたぬくもりを身にまといながら、蔵出しのひんやりとした白ワインを心ゆくまで楽しむのが習いである。

なかでもグリンツィンク地区は、市民はもちろん外国人観光客にも名の通った「ホイリゲの里」である。都心の雑踏とは対照的な静けさの中でワインを楽しむという贅沢。ウィーン観光の醍醐味とも言えるだろう。ただ残念なことに、最近はホイリゲ自体があまりに有名になりすぎてしまい、大型の観光バスがワイン蔵の前を占領するような事態も珍しくなくなってしまった。これからますます増える観光客を思うと、ウィーンの森もやがて人の波に飲み込まれてしまうのではないか、という心配も出てくる。

カーレンベルクの麓の集落（2004年）
ベートーヴェンが田園交響曲をつくった住まいが近い。当時の風情が今なお感じられる。

ウィーン市内のブドウ畑（2004年）
首都でありながらブドウ畑が市街地に残されている。もちろんワインの原料になる。

しかし、ホイリゲの奥は思った以上に深い。散歩の先に、観光ガイドブックにも載っていない、地味ながらウィーンの伝統を守るホイリゲに出会うことがある。隠れ家としてのウィーンの森。これがある限り、ウィーンは世界でもまれな都市であり続けるだろう。

ちなみに、英誌『エコノミスト』の調査部門「エコノミスト・インテリジェンス・ユニット」が2011年に発表した世界で最も住みやすい都市ランキングにおいて、ウィーンはオーストラリアのメルボルンに次いで第2位であった。政治・社会的安定度や、犯罪率、質の高い医療へのアクセス、環境や教育、インフラの整備状況などに基づく評価とされるが、ウィーンの森が一役買っていることは言わずもがなであろう。

（加賀美雅弘）

11 ● 皇妃が愛した宮殿
ラクセンブルク

開放的な宮殿のある町

　ウィーンの南方20kmほどのところに小都市ラクセンブルクがある。バスで30分ほどのところにある緑豊かな町。大都会ウィーンからやってくると、実にゆったりとくつろげる場所である。

　ここは、ラクセンブルク宮殿があることで知られる。1333年に創設されて以来、ハプスブルク家の夏の離宮として利用されてきた。とりわけ19世紀の歴史が知られている。フランツ・ヨーゼフ皇帝の后エリーザベトがこよなく愛したところであり、ルドルフ皇太子もここで出産した。この悲劇の王妃にちなんだ名所として、今では多くの観光客が訪れている。

エリーザベトの足跡をたどる

　エリーザベトは、1854年に結婚して以来、ウィーン旧市街にある王宮を、ことのほか嫌っていたという。バイエルンのヴィッテルスバッハ家からハプスブルク家に嫁いだ彼女は、長い歴史と伝統を重んじるウィーンの王家になじまなかったというのが理由らしい。確かに当時の王宮は、堅牢な要塞に囲まれた旧市街地の一角にあり、厚い石壁に覆われた圧迫感のある空間だった。19世紀初めまで神聖ローマ帝国の皇帝を輩出してきた栄光がつきまとう雰囲気のなかで、彼女が息苦しい思いをしていたで

ラクセンブルク宮殿（1996年）
宮殿は、現在は国際応用システム分析研究所（IIASA）の本部になっている。

ラクセンブルク宮殿（1996年）
広い空間に配置された宮殿では、のどかな雰囲気が堪能できる。

あろうことは想像に難くない。

それだからか、エリーザベトはきわめて頻繁に旅に出かけている。ギリシャのコルフ島、北イタリアの保養地メラノ、ハンガリーの首都ブダペスト近郊のゲデレ、南フランスのコートダジュールには、はっきりとした足跡が残されている。1898年にイタリア人無政府主義者の手により非業の死を遂げるが、場所はスイス・ジュネーブのレマン湖畔だった。いずれも陽光あふれる澄みきった空気と、光り輝く水面、せり上がる山と樹木の深い緑など、南国の開放的な気分が満喫できるところばかりであった。

ウィーンに近いラクセンブルクは、そうした彼女を十分に満足させていたようである。そのたたずまいを今もたどることができる。町の中心、バスターミナルがあるフランツ・ヨーゼフ広場からいくらも歩かないうちに、宮殿に到着する。バロック様式の宮殿にしてはいくらか地味な造りである。

ラクセンブルクの市街地（1996年）
こぢんまりした旧市街地であり、調和のとれた景観が美しい。

ラクセンブルクの市庁舎（1996年）
皇族が訪れた町の市庁舎にしては威厳を感じさせない穏やかなたたずまいである。

しかし、その裏手にある広大な庭園は、自然美を生かした、いわゆるイギリス式庭園になっており、ゆるやかなカーブを描く小川と、緑にアクセントをつける穏やかな起伏が心を和ませる。同じ宮殿でも、シェーンブルンにある幾何学模様の整然としたフランス式庭園とは対照的な趣である。

ラクセンブルク宮殿を包み込む肩の凝らないのんびりとした雰囲気は、明らかにこの庭園によって醸し出されている。形式や格式とは無縁のゆとりある空間にいると、エリーザベトでなくても生きた心地がしてくるというものである。

（加賀美雅弘）

12 ブルゲンラント州
● ハンガリー的な趣を残す地域

「城塞の国」

　オーストリアの東端、ハンガリーとの国境に接するブルゲンラントはたいへん小さな州で、面積3,966km²（オーストリア全体の4.7％）、人口28.5万（同じく4.3％）に過ぎない。

　第一次世界大戦までのオーストリア・ハンガリー帝国という二重帝国の中で、ここはオーストリアではなく、ハンガリーに属しており、ドイツ人、ハンガリー人、クロアチア人、ロマ人（ジプシー）など多様な人々が住む地域であった。しかし、ドイツ語を話す住民が圧倒的に多かったので、大戦後の1921年、オーストリアに帰属することになった。オーストリアはこの地をブルゲンラントと名付けて一つの州として位置づけ、4年後にアイゼンシュタットを州都に定めた。

　今でも風景にはハンガリー的な要素が多い。ことにその北東部の景観はハンガリーのプスタという草原と似ており、ヨーロッパでは珍しいステップ湖であるノ

ブドウ収穫中の農家（1999年）
ノイジードラー湖西岸のプルバッハにて撮影。

作曲家リストの生家（2000年）
リストはハンガリー人ともドイツ人ともいわれている。この地方出身ならではといえるだろう。加賀美雅弘撮影。

クロアチア系の人々が住む集落（2001年）
集落の入口にドイツ語と並んでクロアチア語の地名を記した表示板が立っている。加賀美雅弘撮影。

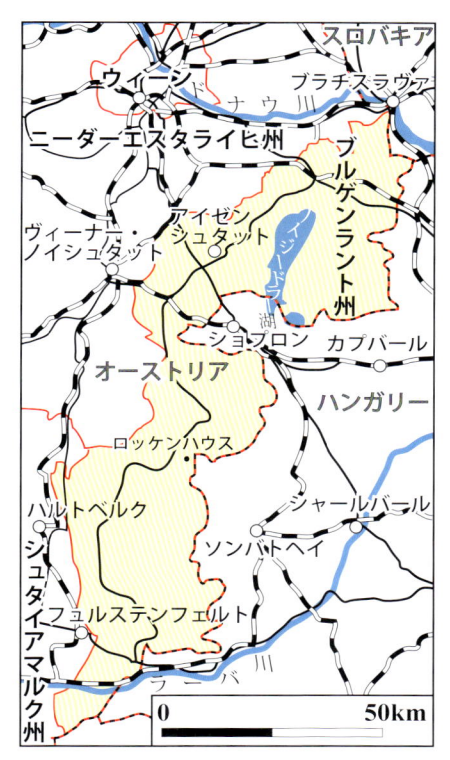

ブルゲンラント州　　　　　　　　藤塚吉浩作成

ロッケンハウス城（1999年）
毎年国際室内音楽祭が開かれる。

ロッケンハウス城内（1999年）
グループが練習していた。

ハンガリーのショプロン（1999年）

イジードラー湖がある。町や村の民家の形も、国境を越えたハンガリーと酷似している。雨が少なく日照時間が長いことを生かして、ゆるやかな丘陵の斜面には広くブドウ園が広がり、ワインの生産量はニーダーエスターライヒ州に次いで第2位である。

　南西部はアルプスの東へ延長末端部にあたり、森林に被われている丘陵が少なくない。古くからオスマン帝国との係争に備えて、12世紀のロッケンハウス城など、多くの城塞が築かれた。ブルゲンラントとは「城塞の国」の意である。

（浮田典良）

65

13 ● 作曲家ハイドンゆかりの州都
アイゼンシュタット

エステルハージー家の本拠

　ライタ山地南側のゆるやかな斜面にあるアイゼンシュタットは、人口12,955（2012年）で、オーストリアの九つの州都の中では最も少ない。ウィーンから約50kmで、ごく近い。1999年夏、ウィーンで17日間レンタカーを借りてオーストリアの南東部をまわったとき、最終日昼前にウィーン空港でレンタカーを返すのに便利だと思って、最後の宿をここに取った。

　昼過ぎに着いてさっそく訪ねたのは、鮮やかな黄色に塗られ、大きな塔が二つそびえるエステルハージーの館であった。1622年、ハプスブルク家からハンガリーのニコラウス・エステルハージー侯の手に渡ったこの町に、エステルハージー家は代々その本拠を構えた。その庇護のもとに音楽や学問が花を開き、作曲家ハイドンは30年間にわたって宮廷楽士としてここで活動したのである。

　エステルハージーの館の中心にある大広間を、今ではハイドン大広間と呼び、夏の間コンサートが開かれる。天井や壁は見事なフレスコ画で飾られている。

　館を出たあと、その背後にある広い付設公園をまわってみた。面積40ha、人工の滝や池、円形の神殿、オレンジの実る温室などがある。

エステルハージーの館（1999年）
1663〜1672年、バロック様式。ドイツ語ではシュロース・エステルハージー。シュロースは「城」「宮殿」とも訳されるが、ここでは「館」と表現しておく。

エステルハージーの館の中のハイドン大広間（1999年）
ハイドンも毎晩のように自作の多くの曲をここで演奏した。夏には18世紀の衣装をつけた楽士たちが、ハイドンや同世代の作曲家の作品を演奏する。

エステルハージーの館の公園（1999年）
中央の神殿は、ニコラウス・エステルハージーの娘レオポルディーネを記念したもの。

一風変わった市庁舎（1999年）
中心広場の市庁舎は、17世紀中期のものでルネサンス様式。円柱形の張り出し窓をもつ独特のファサードで知られる。

ハイドン博物館

　エステルハージーの館の東側、ヨーゼフ・ハイドン小路にあるハイドン博物館は、1766年から1778年までハイドンが住んでいた家であり、ハイドンの暮らしをしのばせる品々が展示されている。なお、市街西部のカヴァリエンベルクという丘にあるベルク教会にはハイドンの墓があるが、そこまで行く時間はなかった。

シナゴーグ（1999年）
オーストリア・ユダヤ博物館の中にある。

かつてのユダヤ人の居住区

　エステルハージー家はユダヤ人を庇護したので、ここには多くのユダヤ人が住み、その居住区が形成されて、彼らの豊かな財がアイゼンシュタットの繁栄をもたらした。ユダヤ人は第二次世界大戦中、ナチスに迫害され、この地から姿を消したが、今も居住区のあとが残っている。そこにあるオーストリア・ユダヤ博物館やユダヤ人墓地は訪れる価値あり、とミシュランのガイドブックに載っているの

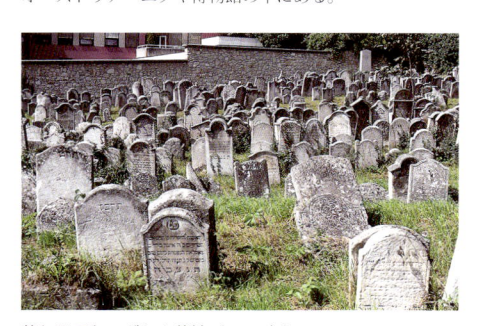

荒れ果てたユダヤ人墓地（1999年）
第二次世界大戦中、ナチスによって狭い一角に集められ、荒れ果てた姿を今に残している。

で行ってみた。エステルハージーの館からほど近い一角がかつての居住区であり、博物館には彼らの活動の歩みを示すものが展示され、シナゴーグ（ユダヤ教会）もある。その横のユダヤ人墓地は荒れ果てていて痛ましかった。

（浮田典良）

14 ノイジードラー湖
● 最深2m未満のオーストリア最大の湖

オーストリアで面積最大、しかし水深2m未満

　ブルゲンラント州北東部のノイジードラー湖は面積156.9km^{2}で、オーストリア最大。日本第二の湖、霞ヶ浦（167.6km^2）に匹敵するが、最も深いところでも水深2mに満たない浅い湖である。流出する川はなく、他方、ここに注ぐ川の流入水量は少なくて、年間蒸発推定量には到底及ばない。湖水の7～8割はまわりの地域からの地下水によって供給されていると考えられている。

　雨の少ない年が続くと湖の水面が低下する。最近では1868年から1872年にかけて湖が完全に干上がってしまい、まわりに住む人々にとっては自分の土地を広げるチャンスとなって、争いも起こったというが、湖が復活して争いも収まった。

野鳥の住みかとして貴重な沿岸のヨシ自生帯

　沿岸には幅広くヨシが茂り、これは湖水の浄化に役立つと同時に、多数の野鳥にとっての天国で、その種類300に及び、貴重なものも少なくないという。

　オーストリアの統計年鑑には、上記の156.9km^{2}という面積のほかに、276.4km^{2}という数字も載っている。これはヨシ自生帯を含む面積であり、両方の差119.5km^{2}がヨシ自生帯の面積ということになる。5万分の1地形図でみると、ヨシ自生帯は西岸の方が幅が広く、最も広い部分では幅4kmにも及んでいる。

ノイジードラー湖西岸のヨシ（2001年）
ヨーロッパでのヨシ自生帯の規模としては、ドナウ川河口部デルタのそれに次ぐという。

ポーダースドルフの湖畔（2001年）
泳いでいる人よりも、水泳着を着けて寝そべっている人の方がずっと多い。

● 68

東岸のポーダースドルフ

　東岸ではヨシ自生帯の幅が狭く、ことにポーダースドルフではヨシが皆無で、湖岸から湖水面までさえぎるものはない。そのため水泳、ボート、ウィンドサーフィンなど、さまざまな水上スポーツを楽しむことができ、年間宿泊者数も湖畔の町では最も多い。人々がどう楽しんでいるのか見たいと思って、ルスト滞在中、半日を割いて出かけてみた。湖畔一帯は有料で、入場料を払う。泳いでいる人もいるが、水泳着を着けての日光浴が多い。目立つのは沖合でのウィンドサーフィンである。訪ねた日は好天で適当に風もあり、多くのサーファーが沖合をかけずりまわっていたが、驚いたことに、風にあおられて転倒すると、湖底に足をつけてサーフボードを起こしていた。

ポーダースドルフでのウィンドサーフィン（2001年）
転倒したサーファーは湖底に足をつけてサーフボードを起こしていた。

ゼーヴィンケル

　ポーダースドルフの南、東岸一帯のゼーヴィンケルと呼ばれる地方には、ラッケという小さな水たまりが多数あるが、干上がった部分は、塩で真っ白である。土壌中の塩類が水に溶けて地表に吸い上げられたもので、ハンガリーのプスタや南ロシアのステップの景観と類似しているという。私はプスタもステップも知らないが、かつてアメリカのネバダ州西部の乾燥地帯で、これをもっと大規模にした景観に接したことがあるのを思い出した。

ゼーヴィンケルのラッケ（2001年）
浅い水たまり。まわりの部分は干上がって塩が真っ白に析出している。

（浮田典良）

15 ● コウノトリとワインの町
ルスト

民家の煙突にコウノトリの巣

　ノイジードラー湖西岸のルストは人口1,896（2012年）であり、コウノトリの飛来する町として知られる。

　1988年、この町に1時間ばかり立ち寄ったことがあったが、多くの民家の煙突の上に架されたコウノトリの巣が印象的だったので、2001年8月、ウィーンで2週間レンタカーを借りたわれわれは、その晩からここに3晩泊まることにした。8月中旬は旅行のピーク。ホテルやペンションはほぼ満員で、最も高い4つ星ホテルしか空いていなかったが、湖に直接面する近代的なホテルで、快適だった。

　翌日、町の中心部をまわる。市庁舎広場の一端にある教区教会の塔に上ったところ、ノイジードラー湖やその沿岸のヨシ自生帯が遠望でき、大空にはコウノトリが乱舞していた。日中は巣にその姿をあまり見かけない。どの巣にもコウノトリのつがいが見えるのは夕方である。

市庁舎広場とフィッシャー教会（2001年）
前方左手のフィッシャー教会はオスマン帝国の侵入に備えて防壁をめぐらしている。

湖岸に造成された水上スポーツの基地

　われわれのホテルは湖岸に直接面していたが、眼前には一面にヨシが生い茂っているから、そこで泳いだりボートに乗ったりということはできない。ヨシ自生帯の先に、水泳場、ヨットハーバー、貸しボート屋、モーターボート・水上スキー・ウィンドサーフィンなどの基地、レストランなどが、埋め立てたり、坑を打ったりして造成されている。そこまで行けるように、ヨシ自生帯を貫く道路が造られている。これは5km南のメルビッシュ

煙突の上にコウノトリの巣（2001年）
日中飛んでいたコウノトリも夕方には煙突の巣に戻る。つがいが多い。

湖岸のヨットハーバー（2001年）

ワイン製造業者（2001年）
ルストはワイン製造の中心地の一つ。町の中心には自家製のワインを飲ませるレストランがある。

でも、また湖北岸のブライテンブルンやノイジードル、東岸のイルミッツでも同じである。ヨシ自生帯をまったく手つかずで保全しているわけではない。観光開発のために加える手を最低限に抑えるよう苦心しているように思えた。

ワインの町、ブドウ園

　ルストはワインの町としても知られる。町にはブドウ栽培・ワイン製造業者が多く、自家製のワインを飲ませるレストランも少なくない。

　町の背後は一面のブドウ園で、その中を通ずる道が格好のハイキングコースにもなっており、われわれも3日目の夕方、ブドウ園の間を縫うハイキングコースを、1時間半ばかり歩いた。

　ヨーロッパ、ことにドイツ語圏の人々は、ハイキング（ドイツ語ではヴァンデルン Wandern）が好きで、1988年に求めた地図ではブドウ園の中に無数のハイキングコースが記されている。ところが近年はむしろサイクリングが流行らしく、2001年に求めた地図には、サイクリングのコースは載っているのにハイキングコースはない。歩いてみて、よくわかった。

町の背後のブドウ園（2001年）
町の向こうにはノイジードラー湖が広がっている。

ルスト北方、丘陵斜面のブドウ園（2001年）

（浮田典良）

16 ● 温泉のある町
バート・タッツマンスドルフ

17世紀中葉以来知られた温泉地

　ブルゲンラント州南部、ウィーンから車で120kmばかりの地点にあるバート・タッツマンスドルフは、人口1,364（2012年）。17世紀中葉以来温泉地として知られ、第二次世界大戦後の1949～1953年に大規模な温泉療養のための保養センターができて、ブルゲンラント州で最も重要な温泉町となっている。温泉は炭酸泉で、循環器疾患やリューマチなどに薬効があるという。

　1999年8月9日正午、ウィーンでレンタカーを借り、ここへ来て3泊した。クアパークの一角にある保養センターは、入口には病院の受付のようなカウンターが並んでいて、病後の療養客が対象のようであるが、町の西はずれにはブルゲンラント・テルメという健康な人向けの温泉プールがあり、さっそく行ってみた。室内プールも屋外プールもともに水温34℃。じっと浸かっているには、寒くもなく、のぼせもせず、適温である。他に大いに泳ごうという人のための、やや深いプールもあり、それは28℃であった。営業は9時から22時まで。中にはレストランやカフェもあり、一日中ゆっくりそこで過ごす人も少なくないらしい。なお、入場料（大人）は1日券が155シリング、短時間券が125シリング。われわれは後者を求めたが、短時間というのが何と4時間。通常はもっと長くそこで過ごすものらしい。

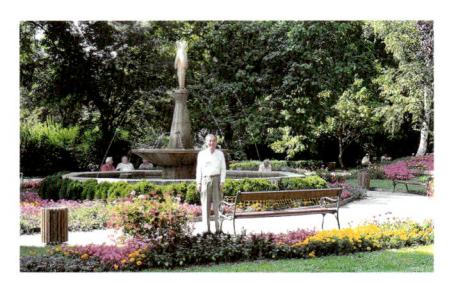

クアパーク（1999年）

ブルゲンラント・テルメ（1999年）

日本の観光案内書に載っている

　フランスのミシュランやドイツのベデカのような定評のあるガイドブックには、このバート・タッツマンスドルフはまったく載っていない。これらは文化財的な価値が

高いものや、歴史的に由緒のあるところに重点を置き、そういう観点からここには特に挙げるべきものがないからであろう。ところが、日本のガイドブック（実業之日本社のブルーガイド）には、半頁にわたってこのバート・タッツマンスドルフが載っている。それは町はずれにシュタインベルガーというゴルフコース付きのモダンでデラックスな5つ星ホテルがあり（ホテル内に温泉プールもある）、そこに泊まる日本人旅行者が少なくないからなのかもしれない。ウィーンから車で1時間半。われわれが前の晩ウィーンから電話で予約したのは、デラックスホテルではなく、もっと安い3つ星のペンションである。

（浮田典良）

8月11日の皆既日食

　私たちの泊まったホテルは少し町はずれにあって、道を隔てた前は広い牧草地だったが、まわり一帯に白いテープをはりめぐらし、テレビ会社による仮設の大ステージが組み立てられ、たくさんの長いテーブルとベンチが並んだ。道には生ビールを積んだビール会社の大トラックが止まっている。

　入場料30シリングを払って広場に入ると熱気球にガスを入れて膨らませたり、ビ

皆既日食が近づき見上げる人々（1999年）

ニールの大滑り台が組み立てられて、子ども達が大はしゃぎで滑っていたり、子ヤギが走り回っていたり、ロバに子どもをのせてあたりを一周する商売が繁盛していたりと、およそ日食とは何の関係もない風景である。大人たちは2,000人位も座れそうな野外ビアホールに陣取って、生ビールや揚げパンを手に盛り上がっている。

　仮設の舞台でウィーン大学の先生が日食について説明し、最後に眼鏡なしで太陽を見ないようにと注意があった。そのあとは「さあ夏がやって来た」という歌詞のにぎやかな音楽が流れ、みんなが知っている曲らしく、男女ペアで何組かが踊り出した。

　もうそろそろかなと太陽をみると、少し欠け始めている。11時過ぎである。それから1時間近く、影の部分が多くなると陽の光が弱く気温が下がって来た。2,000人を超える人びとが一斉に眼鏡をかけて見上げているのは壮観だった。まるで地底から響いてくるような、おどろおどろしい音楽がなりだした。だんだん薄暗くなる。ほんの少し欠け残ったところが一瞬輝いた。ダイヤモンドリングだ。太陽のコロナが見え、次に紅炎のガスになり、ついに皆既食になった。おお、という声と拍手が沸いた。あたりは真っ暗というのではないが、街灯がともった。間もなく再びダイヤモンドリングが見られ、徐々に明るさが戻ってきた。すごい事に出合えたと、感動に浸る間もなく広場はもとのにぎわいを取り戻した。

（浮田寧子）

17 ニーダーエスターライヒ州

● オーストリアの穀倉地帯

新たに定められた州都

　ニーダーエスターライヒ州はオーストリアの北東部を占める州で、19,174km^{2}という面積は第1位、人口も161.1万（2012年）で、ウィーンに次ぎ第2位。ウィーンはこのニーダーエスターライヒ州のなかにそっくりはまりこんでいる。

　州政府や州議会はかつてはウィーン市内にあったが、1986年にウィーンの西、特

ニーダーエスターライヒ州　　　　　　　　　　　　　　　　　　　　　　藤塚吉浩作成

サンクト・ペルテンの州庁舎地区（2000年）

メルクの中心街（1999年）
中心街は自転車乗り入れ禁止となっている。

　急列車なら40分ばかりのサンクト・ペルテンが新たに州都と定められ、旧市街の南東側に新しい官公庁地区が建設されている。
　州の大部分はウィーン盆地やそれに続く平地で、西から東へドナウ川が流れる。広く耕地が開け、小麦・大麦は全国産額の６割、ジャガイモ・テンサイは８割をこの州が占める。ワインの生産額もこの州が最も多い。
　北側にはチェコとの国境が走るが、平原の国境である。東側ではドナウ川の支流マルヒ川がスロバキアとの国境をなしている。

オーストリア全土でも珍しい風車

　平原の西端に位置するレッツの町はずれ、西へ約600mばかり行った丘の上に風車があり、町のシンボルとなっている。1772年に造られた木造の風車小屋が1830年に石造に改築されたもので、四つの翼が回転するその直径は20m、風向によって向きを変えることができる。今でも稼働可能なかたちで保存されているこの風車は、オーストリア全土でも珍しい存在らしく、クラーゲンフルトのミニムンドゥス（142頁）には、25分の１の模型が展示されている。

（浮田典良）

町はずれの風車（2000年）
1927年まで実際に粉ひきの風車として操業していたという。

18 ● ウィーンに近い温泉と登山鉄道
バーデンとシュネーベルク

優雅な温泉町バーデン

　ウィーンの南20km余、ウィーンの森の東麓にある温泉町バーデンへは、ウィーン南駅から連邦鉄道の列車でも行けるが、ウィーン中心部のホテルに滞在の旅行者にとっては、国立オペラ座の斜め向かいから出るバーデン鉄道の方が便利だ。市内を走る部分では路面電車と同じ線路を走るが、市街を出はずれると専用軌道をかなりのスピードで走って、1時間ばかりでバーデンの市街中心部に近いヨーゼフ広場に着く。

　かつてはウィーンの貴族・富豪や芸術家が好んで訪れ、モーツァルトやベートーヴェンもしばしば滞在したといわれるこの温泉町の中心部には、ビーダーマイヤー様式の凝った装飾の建物が目立つ。われわれはこれまで2回ここを訪ねた。

　1回目は1999年3月で、町はずれの斜面に広がるクアパークは、木々がまだ緑をつけず殺風景だったが、花壇にはプリムラやクロッカスが花を咲かせ、中高年の保養客が散策を楽しんでいた。

バーデンのクアパーク（1999年）

　2回目は2000年8月15日。バーデンの町はずれにある野外温泉プールへ直行した。この日は聖母被昇天の祝日で、おまけに雲一つない晴天だったため、野外プールはそれこそ芋の子を洗うようなにぎわいだった。ロッカー管理のおばさんに聞いたら、夕方までに5,000人は入場するだろうとのこと。手前のプールサイドは人工砂浜にしてあって、色とりどりのビーチパラソルの陰で、多くの家族連れが砂に寝そべっていた。プールはいくつもの区画に分かれていて、水温も少しずつ違い、それぞれの温度が入口に書き上げてあった。若い人たちが元気に泳いでいた深い水槽は最も低くて26.7℃、泳げない人の浅い水槽は28.7℃、子ど

バーデンの野外温泉プール（2000年）

も専用の水槽は29.9℃、じっと浸かっているだけの水槽は34.4℃。われわれが主に浸かっていたのはこの最後の水槽であったが、34.4℃という水温は、冷たくもなく、のぼせもせず、じっと何時間でも浸かっていられる快適な温度だった。

プールサイドにはレストラン、カフェもあり、一日中プールで過ごすことも可能。同じテーブルでコーヒーを飲んでいた若夫婦に聞いたら、お客の9割はウィーンからだろう、とのことだった。

われわれは約3時間で切り上げ、クアパークや町の中心部をぶらついたが、中心広場に面する市庁舎や広場の三位一体の柱の界隈も、春よりずっとにぎわっていた。

プッフベルク駅前の公園（2000年）
池にはカモをはじめ、水鳥が多い。

「静寂地区」という立て札（2000年）
ここからは歩行者専用地区でもある。

シュネーベルクの登山口プッフベルク

8月15日には、シュネーベルクへ登るべく、朝ウィーンのホテルを出た。ウィーン南駅から特急列車（IC）で30分余のヴィーナー・ノイシュタットでローカル線に乗り換え、約50分でプッフベルク。そこからラックレールの軌道を蒸気機関車が押して登る登山鉄道で、標高1795mのシュネーベルクまで登るつもりだったのであるが、聖母被昇天の祝日で大混雑。3時間半後の14時50分まで待たないと乗れない。しかも14時50分の便は蒸気機関車ではなくディーゼル機関車だという。蒸気機関車が売り物のはずなのに、ディーゼル機関車では興ざめである。

そこでシュネーベルクは後日またゆっくり訪れることにし、このプッフベルクの町（通常は乗り換えるだけ）をゆっくり散策することにした。駅のすぐ前は広い池を囲んで公園になっていて、高齢の夫婦や子ども連れの若夫婦が散策を楽しんでいる。

公園を出はずれるところには、ここから先は「静寂地区」だという看板があった。この地区では自動車、携帯ラジオその他音楽器具によるあらゆる騒音をお慎み下さい、というのである。

2時間ばかりのんびりと散策を楽しみ、そして静寂を楽しんでからヴィーナー・ノイシュタットに引き返し、バーデンに向かった。

（浮田典良）

19 ●「ワインフィアテル」の中心地
レッツ

ワインフィアテル

　ウィーンの北方、オーストリアの国土北東端、ドナウ川からチェコ国境までの標高200～400mの丘陵地帯を「ワインフィアテル」と呼んでいる。フィアテル（英語のクォーターにあたる）は「地方」「地帯」といった意味で、肥沃な土壌に覆われたゆるやかな丘陵斜面に、広くブドウ畑が広がり、ワインの醸造がさかんである。秋はブドウの収穫祭でにぎわう。オーストリアのワインの生産は、東部から南東部にかけての各地でみられるが、州別にみるとニーダーエスターライヒ州が最も多い。

美しい長方形の中心広場

　ワインフィアテルの中心町の一つ、レッツは、ブドウ畑に囲まれた古い静かな町で、ウィーンの北西約80km、人口4,183（2012年）。日本の観光案内書にはまったく登場せず、オーストリアでのガイドブック類にもあまり出ていない小さな町だが、いい町だからぜひ訪ねてごらんなさい、と東京のオーストリア政府観光局の人に勧められて、2000年8月、ウィーンで2週間借りたレンタカーでさっそく訪れたのがこのレッツであった。ウィーンの町を出はずれてから1時間足らずで到着。中央広場は長さ約170m、幅約70m、面積約1.2haの長方形の広場で、オーストリアの町の中心広場として、広さも美しさも屈指であろう。

　広場の西寄りの市庁舎は、教会を改造した一風変わった建物で、南側部分が礼拝堂になっている。広場の東寄りには三位一体の柱（1744年）が建ち、広場の

長方形の広い中央広場（2000年）
中央の建物はゴシック様式の教会を16世紀に改造した市庁舎。

アルトホーフ・レッツ（2000年）
昔の領主の館を改造した4つ星ホテル。

北側のヴェネツィア風ルネッサンス様式のフェルダーバウハウス（1583年）は、その中央部分の1階が広場へ入ってくる道路のためのアーチになっている。また広場の南側、「スグラフィート」という特殊な手法（外壁に灰色の漆喰を粗塗りした上に白い石灰乳を塗り、ノミでそれを掻き取って下地を出し紋様を表現する）で飾られたスグラフィートハウスなど、広場は美しい建物で囲まれている。

町のすぐ外側のブドウ畑（2000年）
9月下旬には3日間ブドウ収穫祭が開かれる。

　旧市街はこの広場を取り囲む形でやはり長方形。その外側にはかつての市壁とその塔が姿をとどめている。市壁の外側のかつての濠は今では水がなく、緑の芝生に覆われている部分が多い。

　前日の夜、ウィーンから電話で頼んでおいた「アルトホーフ・レッツ」というホテルは、旧市街の北西隅にあり、かつての領主の館を復元したもので、伝統的な格式と新しい快適さを備え、裏側にはすぐ広いブドウ畑が広がっていた。

昔の市壁と塔（2000年）
町の西側にはかつて町を方形に囲んでいた市壁と四隅の塔が残っている。手前はもとの濠（今は水がなく、緑に被われている）。

地下に延びるワインケラー

　市庁舎の横の観光案内所で入手したパンフレットによると、レッツの旧市街には、地下約20mにそれこそ迷路のようにワインケラー（ワイン貯蔵用地下室）が延びていて、それが相互に繋がり、その総延長は16kmないし25kmに達するとみられている。ハプスブルク皇帝の支配した時代には、ここに300万リットルのワインが貯蔵されていたという。今ではその一部が観光用ワインケラーとして公開され、夏には日に3回、10時半と14時、16時に市庁舎前に集まり、案内人に連れられてケラーを見学。所要1時間半、ワインの試飲と記念グラスのプレゼントがつくという。

　着いた日には15時にホテルに投宿していたのだが、まずは町の内外の散策を、と思ってワインケラー見学には参加せず、翌日も先を急いで10時半にはレッツの町をあとにしたので、参加せずじまいになった。出発の際、中心広場を車で通ったら、市庁舎前には50人ばかりが見学を待っていた。あとから考えると、もう少しゆとりのある旅程を立て、参加すればよかったと後悔している。

（浮田典良）

20 ● 新たに州都となった古都
サンクト・ペルテン

途中下車して立ち寄ってみたい町

　ウィーン西駅からリンツを経てザルツブルク方面や、リンツの先で分かれてドイツのニュルンベルク方面に向かう特急列車（ECやIC）が、ウィーン西駅発車後約40分、最初に停まるのがサンクト・ペルテンである。人口は51,850（2012年）でオーストリア第9位、ここで乗り換えてドナウ川沿岸のクレムスや、巡礼教会で名高いマリアツェルへ向かう観光客はあっても、この町そのものを訪れる観光客は少ないだろう。しかしバロック建築の町として知られ、旧市街は駅前にこぢんまりまとまっていて簡単に見て歩けるので、2、3時間でも途中下車してぜひ立ち寄ってみたい、と日本のガイドブックは勧めている。その通りだと思う。

　私たちも若かったころはそういう途中下車をよくしたが、歳を取るにつれてそれが億劫になった。立ち寄るなら泊まることにしよう。2000年8月のある日、午後3時前に駅に着いて駅前の小さなホテルに投宿した。地方中心都市の駅前ホテルは殺風景だが、小ざっぱりしていて機能的である。あまり観光客の訪れない、こういう地方中心都市が私は好きである。

英国女子学校（2000年）
バロック様式の華麗なファサード（建物正面）。中の教会を見学できる。

買い物の市民でにぎわう古い町並み

　小憩ののち、駅から南へ延びる歩行者専用のクレムザー小路を400mばかり歩き、右へ折れて市庁舎広場に出た。中央に三位一体の柱が立ち、広場南側の市庁舎は、ロマネスクからバロックまで、さまざまな建築様式が残っている。

目抜き通りの街角にある薬局
古い建築様式を残す薬局は、現在も営業している。

市庁舎の南から東にかけての一帯には、1706年に女子教育施設として建てられた英国女子学校をはじめ、バロックの外観を残す古い建物や、19世紀末の建物が残っている。それらの多くは現在もなお、薬局や食料品店などとして使われ、町として「現役」である。外観は古くても内部は新しく装われ、買い物客でにぎわっている。道路に椅子・テーブルを並べたカフェもあり、中年の市民で満席であった。

ドーム広場の市（2000年）
ドーム広場では木曜と土曜の7時から12時まで市が開かれる。野菜、果物や色とりどりの花を並べた露店が、市民でにぎわっていた。

新しい州庁舎地区

　近年のサンクト・ペルテンにとって最も大きなできごとは、1986年7月10日、ニーダーエスターライヒ州の州都と決まったことである。それまで州政府や州議会などはウィーンにあった。それが新たに独立の州都を、ということで、州最大の町で交通の要地でもあるサンクト・ペルテンが新州都に決まったのである。
　そこで、旧市街の南東に接したところに新たに州関係の庁舎地区を造ろうということになり、国際的な計画コンペティションで166の応募があったなかから、オーストリアのエルンスト・ホフマンという建築家の案が選ばれて、1992年9月から工事が始まった。「人に優しい開かれた街区」をモットーに、高層（といってもせいぜい5、6階）のビルの間には広い緑の空間が確保され、地下に広大な駐車場を用意する一方、地上は大部分が歩行者専用となっている。地区総面積21.7haのうち、建物の建っているのは1割弱の2.02haに過ぎない。そして単に役所のビルだけでなく、図書館、博物館、劇場などの文化施設や、商店、飲食店その他生活関連諸施設が計画的に整備され、また雨水を貯水槽に溜めてWCの用水とするなど、環境に配慮した建設計画が進められてきている。
　この新しい町づくりの状況を見ようというのが、このときここを訪れた一つの目的であった。泊まった翌日、この地区へ足を伸ばしたのであるが、残念ながら土曜日だったので人影がなく静まりかえっていた。

新しく建設された州庁舎地区（2000年）
1990年代のヨーロッパでは、ベルリンに次ぐ大規模公共工事であった。

（浮田典良）

21 ● 鉄道から船からすばらしい眺め
メルクとヴァッハウ渓谷

2種類の「眺め」

「眺め」には、そこから眺める「眺め」とそれを眺める「眺め」とがある。「京都タワーの眺めはすばらしい」の場合は前者、「このテラスは富士山の眺めが素敵だ」の場合は後者である。ドイツ語の「眺め」にあたる語は二つあり、両者がはっきり区別されている。日本語ではその区別がないが、ここで取り上げるメルク修道院とヴァッハウ渓谷は、そこからの「眺め」ではなく、それの「眺め」が重要である。外からそれを見る場合の見え方を示す日本語は「うわべ」だの「みてくれ」だのと、どちらかと言えばマイナスイメージの語が多いが、風景のあり方を考え、また町や村の居心地や快適性を考える場合、重要なのはむしろ外からの見え方であろう。ヨーロッパの整然としたきれいな町並みを見ると、いつもそう思う。

南から見上げたメルク修道院（1999年）
駅から少し坂道を下った地点から見上げた修道院。手前は旧市街。

メルクの修道院

サンクト・ペルテン駅を発車して20分足らずで、右手の車窓に黄色の壮麗なメルク修道院が手に取るように見えてくる。オーストリアには他にも、リンツに近いヴィルヘリング修道院やサンクト・フローリアン修道院、クレムス北方のアルテンブルク修道院など、すばらしいバロック建築の修道院があるが、いずれも鉄道から離れていて、車窓から眺めるわけにはゆかない。メルクのそれは鉄道からわずか350m程度。その間に目をさえぎるようなものはほとんどなく、小高い

西端のテラスから見た修道院教会 （1999年）
アルプス以北では最も美しいバロック教会の一つ。内部は色とりどりの大理石の祭壇やフレスコ画がみごと。

● 82

丘に東西300mにわたって延びる建物側面を一望のもとに収めることができる。しかも鉄道の北側なので、逆光でまぶしい、といったおそれがない。オーストリア独特の黄色がいつも陽に映えて美しい。

特急列車（EC、IC）はメルク駅に停まらないので、訪ねようと思えばサンクト・ペルテンで各駅停車に乗り換えねばならない。約20分、メルク駅に降り立ち、なだらかな駅前通りを下ってゆくと、16〜17世紀の古い家並みが続く旧市街

修道院の図書館（1999年）
10万冊の書籍と2,000点の手稿本があるという。

へ出る。その東の端から細い坂道を上ると修道院の入口である。拝観料を払って中に入るのであるが、案内人が引率して説明という形ではなく、順路にしたがって自由に見学できるというのが、外国人にとってはありがたい。1999年8月、ミシュランの日本語版を片手に、皇帝の回廊から大理石の間、西の先端のテラス、図書館、これらの建物に取り囲まれたかたちでそびえる修道院教会の豪華な装飾など、ゆっくり見学してまわることができた。

ドナウ川下りのハイライト、ヴァッハウ渓谷

メルク修道院はドナウ川の遊覧船からも間近に望める。修道院の裏側が遊覧船の発着場になっている。鉄道でリンツまで行って、午前9時にリンツを出る船で7時間半かけてデュルンシュタインまで下ったのであるが、船からの眺めは最後の1時間10分、メルクからデュルンシュタインまでのヴァッハウ渓谷が圧巻だった。たいていの観光客はこの部分だけ遊覧船に乗るようで、リンツからの直通便は週に3回しか運行していないが、ヴァッハウ渓谷の部分だけ運行する便は一日に数便往復している。渓谷を下る便と上る便とでは、下る便の方がよい。それはヴァッハウ渓谷の部分でドナウ川は南から北へ流れており、下る便は北へ向かって進むので、両岸の町や斜面のブドウ畑を順光で眺めることができるからである。上りだと進行方向が逆光になる。所要時間も当然のことながら下りの方が短い（上りはほぼ2倍かかる）。

（浮田典良）

遊覧船から望むヴァッハウ渓谷（1999年）
日当たりのいい斜面には一面にブドウ畑が連なる。

83

22 ● ドナウの宝石
デュルンシュタインとクレムス

ドナウ川の宝石デュルンシュタイン

　ヴァッハウ渓谷を下った遊覧船はクレムスまで行くが、われわれは手前のデュルンシュタインで降りた。教区教会の淡い青色の塔がドナウの船からもよく見え、背後の丘の頂上には城の廃墟がそびえ、ブドウ畑に囲まれて、ドナウの宝石とも呼ぶべきロマンティックな町ということなので、どんなところか訪ねてみたかったからである。

ドナウ川の遊覧船から望んだデュルンシュタイン（1999年）
左手にはバロック様式の教区教会の塔、右手には「古城ホテル」、背後の丘の頂には城の廃墟。

デュルンシュタインで泊まったホテルの廊下（1999年）
もと女子修道院だった建物を改造したホテルで、廊下には古い家具・調度が並んでいた。

　丘の城跡までは階段の坂道を20～30分、そこからの町とドナウの俯瞰はすばらしいとのことであるが、無理はやめて、旧市街を東西に貫くメインストリートを散策した。古い民家が連なり、16世紀までさかのぼるものもあるという。メインストリートの西はずれには「古城ホテル」がある。日本の観光案内書には「古城」と表現してあるが、「古い館」が妥当だろう。ぜひ泊まりたかったのだが、満室だったので、もと女子修道院だった建物を利用したというもう一つの由緒あるホテルに泊まった。ここも古い家具・調度がすばらしく、レストランのテラスからドナウの眺めをたっぷり楽しむことができた。

　なお、船でこの町を訪ねると気がつかないが、ドナウ川の北岸を通ずる鉄道も幹線道路も、古い町を避け、町の背後の斜面にトンネルを穿って抜けている。

中心商店街のにぎわうクレムス

　デュルンシュタインから東へ列車で10分余、クレムスは人口23,400、このあたりの中心都市で、郡関係の役所が置かれている。旧市街を東西に通ずるメインストリートは歩行者専用になっていて、立派な構えの商店が並び、買い物客でにぎわっている。日本の多くの地方中心町のように、町はずれにできたスーパーマーケットやショッピングセンターに客を奪われ、古い中心街がさびれてしまうといった事態が起こっていないのが嬉しい。

　メインストリートを西へ向かうと、旧市街のはずれのところにかつての市壁の出入口、シュタイナー門がある。1480年創建、1754年バロック様式に改築、1951〜1954年修築、と刻んだ銅板がはめ込まれていた。町のシンボルとなっているようで、観光案内所でもらった折り畳み地図の表紙には、この門の写真が掲げられている。門をくぐり抜けると新市街で、左手に緑の市立公園が広がる。

クレムスのメインストリート（1999年）
石畳の道は歩行者専用となっていて、買い物客でにぎわう。

シュタインの旧市街の家（1999年）
左手の建物は未修復。右手は美しく修復され、1階は信用金庫。

シュタインの町並み修復

　シュタイナー門というのは、西にあるシュタインという町へ通ずる道の門という意味であり、15分ほど歩くと、次の町シュタインの旧市街入口に着く。ここにはクレムザー門（クレムスへ通ずる道の門）が建っている。二つの町は今では完全につながり、一つの町として機能しているが、それぞれの旧市街は古い町並みをよく残している。シュタインには商店街としてのにぎわいはないが、それだけに古い様式の町並みがそのまま残っていて、近年その修築が進められている。きれいな中庭をもち、その中まで勝手に入って行ける家もあった。

　シュタイン旧市街のメインストリートをそのまま900mほど進むと、西の出入口、リンツァー門に着く。リンツへ向かう道の門である。

　メインストリートでは、家族連れのサイクリング客に何組も出会った。幹線道路は旧市街の外側、ドナウ川沿いに通じていて、こちらは自動車交通量が多いが、旧道であるメインストリートは格好のサイクリング道路となっている。

（浮田典良）

23 ● 経済活動の中心となる州
オーバーエスターライヒ州

盛んな産業活動

　オーバーエスターライヒ州はニーダーエスターライヒ州の西に続く州で、面積11,980km^2（九つの州のうち第4位）、人口は141.2万（2012年）でウィーン、ニーダーエスターライヒ州に次ぎ第3位、州都はオーストリア第三の都市、リンツである。州の北部はドナウ川やその支流イン川、トラウン川に沿って広く平地が広がっているが、南部は山がちである。北側は低い丘陵地帯でチェコと接し、西側ではイン川がドイツとの国境を流れる。

　リンツ、シュタイヤー、ヴェルスなどを中心に金属、機械、化学などの近代工業が発達し、工業については、その就業者数においても、出荷額においても、ウィーン、ニーダーエスターライヒ州を抑えて第1位を占めている。農牧業の部門でもニーダーエスターライヒ州と並んで重要で、ことに家畜飼育部門ではニーダーエスターライヒ州を抜き、牛と豚の飼育頭数や牛乳生産量では首位に立っている。

　シュタイヤーからその南の山間部にかけては、古い歴史をもつ金属や金属加工の伝統

リンツの掘込港入口（1999年）

ハルシュタットの塩坑見物（2001年）
坑道用の服を着て坑道入口からトロッコで入る。

オーバーエスターライヒ州

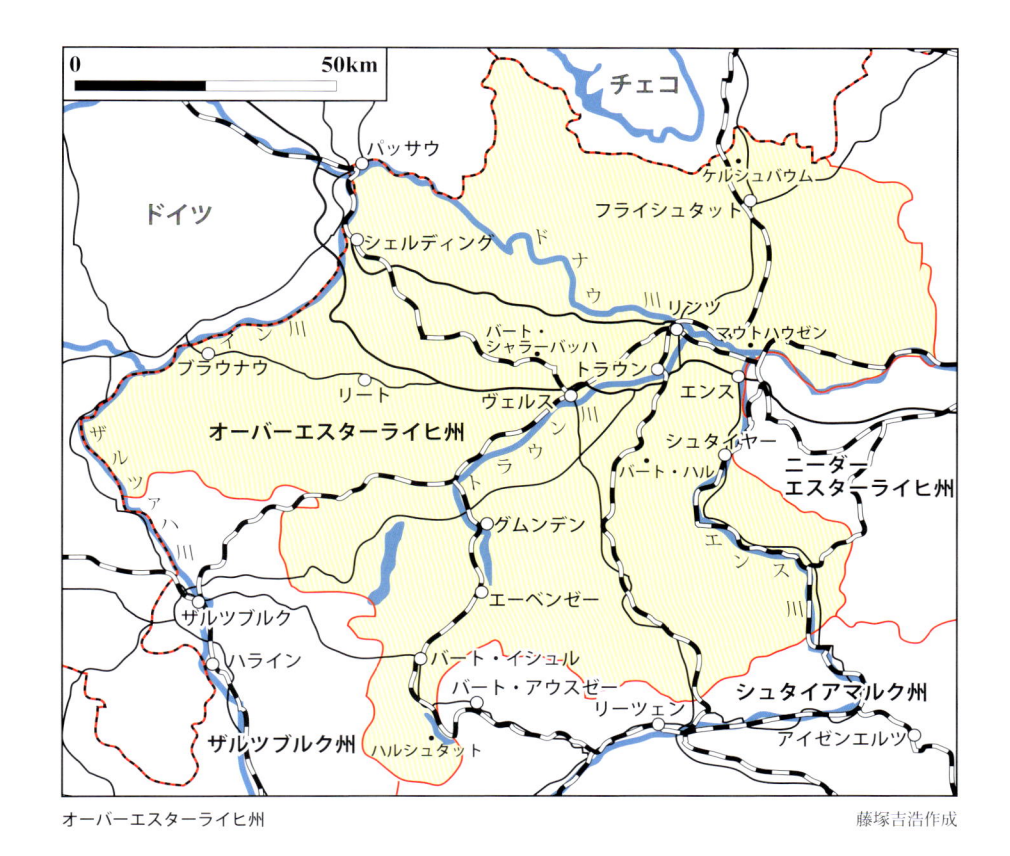

工業が行われているが、ドナウ川と支流トラウン川沿岸のリンツ、ヴェルスを中心とする地帯では、第一次世界大戦以降（特に1970年以降）発展した近代工業が多い。最も盛んな工業部門は、機械、電機、化学などの重化学工業である。

　山間の美しい湖で知られるザルツカンマーグートは、このオーバーエスターライヒ州の南西部とザルツブルク州、シュタイアマルク州にまたがっているが、大部分はオーバーエスターライヒ州に属し、1997年世界遺産に登録された湖畔の町ハルシュタットもこの州にある。このザルツカンマーグートを除くと観光スポットに乏しいが、リンツやシュタイヤーなどにも見るべきものが多く、またリンツの近くにはバート・シャラーバッハ、バート・ハルという静かな温泉保養地もある。

（浮田典良）

24 ● 近代工業のさかんな歴史的都市
リンツ

工業の町、ビジネスの町

　オーバーエスターライヒ州の州都リンツは、人口は189,227（2012年）でウィーン、グラーツに次ぎ第3位。ドナウ川沿いには金属・機械・化学の大きな工場が並び、それらの本社もここにあって、リンツを訪れるのは観光客よりもビジネス客の方が多い。それはホテルに泊まるとよくわかる。われわれはこれまで2回リンツを訪れた際、モダンな4つ星ホテルは敬遠して、中央広場に面する3つ星の古風なホテル・ヴォルフィンガー（オーストリア・クラシック・ホテルズのメンバー）に泊まったのであるが、そういうホテルでも朝食の際に一緒になったのは、背広にネクタイの単身男性客が多かった。

　ホテルを出て、朝の町を家内と散策していたら、日本のご婦人と一緒になった。ご主人の出張についてきて、日中は独りで町を歩こうと思っていますけれど、独りではレストランに入りにくいですね、とおっしゃるそのご婦人と、昼食までずっと一緒に町を見て歩くことになった。

リンツ中央広場（1999年）

歴史的町並み保全にも熱心に

　町の古い部分では歴史的な町並みをよく残し、それなりに観光客の誘致にも力を入れている。中央広場には市電がそれを貫いて走っているが、自動車は進入禁止。つまり市電と歩行者の専用である。広場には三位一体記念柱（1723年）がそびえ、まわりには旧市庁舎をはじめ古い家並みが連なっている。この広場を起点

ペストリングベルクからリンツ市街を俯瞰（1999年）

に蒸気機関車の形にしたトラクターの牽く観光トロッコ列車が出ている。旧市街の見どころを一周（所要25分）。どこに何があるか概要をつかめたので、そのあと旧大聖堂、新大聖堂や州庁舎、州立博物館などを見て歩いた。旧市街がコンパクトで、簡単に徒歩でまわれるのがありがたい。

急勾配を登るペストリングベルク登山鉄道

　そのあと、市電3番でドナウ川北岸の終点まで行き、そこから丘の上にそびえるペストリングベルク巡礼教会まで、ペストリングベルク登山鉄道の電車に乗った。麓の乗り場は標高264m、そこから路線延長2,891m、標高519mの頂上駅までラックレールなしに登るこの鉄道は、線路と車輪の粘着だけで登る鉄道としてはヨーロッパ第一の急勾配で知られる。その開通は1898年で、1998年には創業100周年を迎えている。線路の脇にはその部分の勾配をパーミルで掲げてあるが、最も急な部分は105パーミル（水平距離1,000mで105m上がる）。時速12km、ゆっくり到達した終点に巡礼教会があるが、付近のテラスからのリンツの眺望がすばらしい。

　なお、この登山鉄道のことは、日本の観光ガイドブックには写真入りで載っているのに（日本の観光客には鉄道マニアが少なくないからであろう）、フランスのミシュランやドイツのベデカには、全然載っていない。今ではペストリングベルク巡礼教会まで自動車道があるし、オーストリア人観光客や隣接ヨーロッパ諸国からの観光客は、たいてい自家用車で訪れるから、わざわざ登山鉄道に乗ることはないのであろう。それに考えてみると、ミシュランは本来、タイヤのメーカーである。鉄道マニアなど眼中にないのも仕方あるまい。

（浮田典良）

ペストリングベルク鉄道（1999年）
車輪はフランジが両側にあり、ポイントでは通る側の線路が完全につながる。

急勾配の鉄道（1999年）
ラックレールの無い鉄道としては、ヨーロッパ有数の勾配105パーミル（‰）。

25 ドナウ川下り
● 川から眺めるリンツの工場群と堰堤の閘門

リンツからのドナウ川下り

1999年8月、リンツからドナウ川下りの遊覧船に乗った。

ドナウ川下りはヴァッハウ渓谷の部分だけを下るのが一般的で、この間には遊覧船が一日に数便就航している（メルクからクレムスまで所要1時間40分）。しかし、リンツからクレムスまではるばる下る遊覧船は週に3便だけ（火・木・日）。リンツ発が9時、クレムス着が16時45分で、一日がかりの旅になるけれども、ぜひそれに乗りたくて土曜日午後わざわざウィーンから鉄道でリンツまで行き、一泊して日曜9時発の遊覧船「オスタリッチ」号（996トン）に乗り込んだ。定員400人とのことであるが、リンツからの客はその1割の40人ほどであった。

ドナウ川沿岸に立地したリンツの工業地帯

リンツから遊覧船で下りたかった理由は二つあった。一つはドナウ川に沿うリンツの工業地帯を、川の側から眺めたかったからである。

日本には臨海工業地帯が多いが、臨海といっても自然のままの海岸に工場を建てるのではなく、内海・内湾沿岸では埋立地を造成し、外洋沿岸では掘込港湾を造り、船が接岸できるようにして、工場を建てるのである。リンツのドナウ川沿岸の場合も掘込港湾であって、3カ所で川から掘り込んで港を造成し、工場はそれに面して建っている。遊覧船出発後10分ほどで、右手に掘込港湾の入口が次々に現れ、その奥に立地している工場群もつぶさに観察できた。

ドナウ川の遊覧船（1999年）

右岸の工業地帯（1999年）

マウトハウゼンに寄港（1999年）
ドナウ川下り第1回の寄港地。自転車を押して乗り込む客が多い。

リンツから約15km下流（1999年）
アプヴィンデン・アステン発電所のための堰堤の閘門に入る。

遊覧船で堰堤の閘門を通過

　リンツから下りたかった理由の二つめは、メルクまでの間に4カ所で堰堤の閘門を通過することになるので、ぜひそれを体験したかったからである。ドナウ川はオーストリアの国内を流れる部分8カ所でせき止められているが、そのうち4カ所がリンツ、メルク間にある。

　せき止める目的は二つある。一つは発電で、堰堤の一隅には低落差発電所が建設されている。堰堤の上流側と下流側の水位差はせいぜい10m程度であるが、何しろ水量が多いので発電量は莫大である。

水位差約10m（1999年）
水位が下がりきった段階で、上流側の水門をみる。

　もう一つは水運の促進である。堰堤の一隅に閘門を設け、船を上下させる必要があるが、せき止めることによって、静水の人造湖の連続に近い状態になるので、水運に好都合である。

　閘門を通過するのにどの位時間がかかるか、2番目のヴァルゼー・ミッテルキルヘンの閘門で計ってみたところ、船が閘門の中に入ったのが11時15分、入り切って上流側の門が閉まり、水位が下がり始めたのが11時18分、水位が下がり切って下流側の門が開き始めたのが11時28分、完全に開いて船が動き始めたのが11時30分で、ちょうど15分かかった。

（浮田典良）

26 ● *19世紀の馬車鉄道が残る*
ケルシュバウム

ヨーロッパ大陸最初の「鉄道」

　リンツから北東へ、連邦道路125号を行くこと45km（チェコとの国境まであと8km）の地点に、ケルシュバウムという小さな村がある。そこに1995年ユニークな馬車鉄道の博物館がオープンした。このことを知ったのは、加賀美雅弘氏の『ハプスブルク帝国を旅する』（講談社現代新書、1997）という、たいへん興味深い本を通じてである。

かつての駅舎を修築した博物館（2000年）
右手前は新たに付加した部分。それ以外の外観は荒れ果てていた頃の写真のまま。

1・2等旅客用の休憩室（2000年）
1999年からレストランとしての営業も再開。

　加賀美さんによると現在のチェコ、ボヘミア地方は、かつてのオーストリア・ハンガリー帝国内での重要な工業地帯で、ここへアルプス山麓でとれる岩塩（工業原料）を運ぶために、ドナウ川に沿うリンツからチェコのチェスケー・ブジェヨヴィツェ（ヴルタヴァ川の河港がある）まで、ヨーロッパ大陸最初の「鉄道」である馬車鉄道が1832年に開通した。

　間もなく旅客輸送も始まり、1834年には2,379人だった旅客が1857年には20,319人にまで増えたという。ところが、産業化の波はこの地にも押し寄せ、ウィーンからブルノを経てプラハに至る蒸気鉄道が1845年に開通し、1870年にはチェスケー・ブジェヨヴィツェもウィーンと蒸気鉄道で結ばれた。馬車鉄道はスピードと輸送量で対抗できず、1872年には廃止に追い込まれ、わずか40年でその栄光の歴史を閉じたのである。

もとの中間駅の駅舎が今は博物館

　リンツからチェスケー・ブジェヨヴィツェまで、線路延長は129km、その間の所要時間は旅客馬車の場合、正味13時間であった。時速ほぼ10kmということになる（貨物馬車の場合は32時間）。そのちょうど中間に設けられたのがケルシュバウム駅で、交代用の馬を収容する大きな畜舎があり、乗客もここでゆっくり休憩をとった。

　荒れ果てていた駅舎を修築して1995年にオープンした博物館には、当時をしのばせるものが展示されている。2台の馬車（1等と3等）と線路約500mも復元されて、実際に馬が曳いてかつての馬車鉄道を再現してくれている。

　この博物館と鉄道の営業時間は5～10月の土・日・祝日の10～16時、ほかに7月と8月は平日でも14～16時に開館。われわれが訪ねたのは2000年8月の平日、正午過ぎだったので、まだ閉まっていたが、外からのぞき込んでいたら開館に備えてやってきた親切な管理人が開けてくれ、中を見せてくれた。かつての旅客休憩用のレストランも復元されている（1・2等旅客用と3等旅客用）。ヨーロッパ大陸最初の駅レストランだという。なるほどその通りだろう。

1等の客車（2000年）
14時の開館に備えて管理人が博物館の外へ。

3等の客車（2000年）
1857年には全部で96両の客車があった。

馬車鉄道の線路跡が今はハイキングコース

　博物館の売店でおもしろいものを見つけた。もとの線路跡を利用したハイキングコースのガイドブックである。国境をチェコへ越えて10kmばかりのブヤノフからリンツまで、線路跡がハイキングコースになっていて、たぶん5万分の1地形図をもとに作成したと思える6万7000分の1のカラーマップとコース案内冊子がセットになっている。総行程約80km、恐らく2日がかりで歩くコースとなっているらしい。

　ケルシュバウムを訪ねる前の晩、そこに近いフライシュタットという中世の市壁が残る古い町（人口7,463、2012年）のホテルに泊まったのであるが、一組の団体客が泊まっていて、朝のホテルの玄関で、1台のワゴン車がその団体客の荷物を積み込んで出て行った。たぶん、このハイキングコースを歩こうという団体で、次の宿泊地まで荷物だけを運んだのであろう。

（浮田典良）

27 ● 金物工業で栄えた古い町
シュタイヤー

古い伝統を誇る金物工業の町

　ウィーンからリンツ、ザルツブルクへ向かう特急列車（IC）で1時間50分、サンクト・ヴァレンティンで下車し、エンス川に沿って南へ向かう支線に乗り換えると25分でシュタイヤーに着く。人口38,299（2012年）でオーストリア第11位。中世から金物工業で栄えた古い町である。着く直前、右手の車窓に大きな工場が見える。オーストリア最大の自動車工場、オーストリアBMWである。金物工業をもとに19世紀には武器製造業が起こり、第一次世界大戦後は自動車工業が発展した。それがドイツのBMWに吸収され、現在に引き継がれている。

南北に細長く伸びる中心広場（2000年）
ゴシック様式からロココ様式まで、色とりどりのファサードが並ぶ。オーストリア屈指の美しい広場。左手はレオポルディ泉（17世紀）。

中心広場の古い美しい家並み

　旧市街は南から流れてきたエンス川に西からシュタイヤー川が合流する地点にある。大きな紡錘形の中心広場には壮麗なファサードの古い建物が並び、かつての繁栄をしのぶことができる。広場の中央には17世紀のレオポルディの泉があり、東側には1765年から1771年にかけて建てられたロココ様式の市庁舎、広場の西側、市庁舎の向かいには、ブンメルハウスという後期ゴシック様式の古い町屋が建っている。かつては商人の館であったが、17世紀には旅籠屋になり、今は銀行その他の店舗となっている。町屋として今なお現役である。

　広場の北半分の家々は1727年の大火災で損傷したが、その後バロック様式で再建された美しい建物が、今も残っている。12番地の「星の家」はその代表的なものといえよう。

広場東側の市庁舎（1999年）
オーストリアの代表的ロココ様式の建築。

入口の上部に金色の「星」が掲げられているのでそう呼ばれるのであるが、かつては鉄製品商であり、星はそのシンボルであった。

広場の北半分は現在歩行者専用となっていて、立派な商店が並んでいる。店構えといい品揃えといい、ウィーンの商店街と比べても、決して見劣りがしない。

広場に面する家は美しい中庭をもつ家も多く、なかにはアーケードで囲まれた中庭に自由に入って行ける家もある。われわれの泊まったホテル・シュティリアも、建物の裏手はかつての中庭を屋根で覆ったものであることがわかる構造であった。

広場西側のブンメルハウス（2000年）
後期ゴシック様式の町屋。ファサードは1497年。オーストリアで保存の最もよい世俗建築物。

古い工場を利用した工業博物館

エンス川とシュタイヤー川合流点の丘にはバロック様式のランベルク城館があるが、その西側の道をシュタイヤー川の岸まで下って行くと、対岸へ歩行者専用橋が架かっている。それを渡ったところにあるのが工業博物館、正確には「工業的な仕事の世界」博物館である。

シュタイヤーからその南の山間部にかけては、古くから金属や金属加工の伝統工業がさかんであった。その基礎はエンス川上流の鉄鉱石と製鉄業をもとに発展した金物工業であり、ことに鎌やナイフの製造で知られた。エンス川の流れは原料・製品の輸送路としても役立った。

シュタイヤー川北岸にある、工場跡を利用した工業博物館（2000年）

工業博物館内部の仕事場（2000年）
19世紀当時の工具が並び、仕事場の雰囲気がよく再現されている。

シュタイヤーには多くの金物工業の工場があったが、工場跡の一つを改造し1987年にオープンした博物館である。館内には動力として重要であった大きな水車や、かつての手工業の仕事場、職人達が集った居酒屋などが再現してある。

（浮田典良）

28 ● 異色のクリスマス行事
シュタイヤーのクリスマス

シュタイヤーのアドヴェント

　初めてシュタイヤーを訪ねたのは、1999年12月のことであった。東京のオーストリア政府観光局が送ってくれたクリスマスの解説に、クリスマス前4週間のアドヴェント（待降節）の行事説明があり、そこにウィーン、ザルツブルクと並んで、シュタイヤーのアドヴェントのことが詳しく書かれていたからである。

　アドヴェントの時期になると、ここでは広場に大きなクリスマスツリーが立ち、聖ミヒャエル教会で土曜日にクリスマス合唱コンサートが開かれ、ランベルク城館ではクリスマス市が立ち、また聖ミヒャエル教会の司祭館では盛大な「クリッペ」展が開かれるという。

　町は雪景色で、防寒服、防寒帽と手袋が不可欠であったが、小さな町のアドヴェントの風情は気に入った。特に印象的だったのは、聖ミヒャエル教会司祭館での「クリッペ」展である。「クリッペ」とは、キリスト降誕のうまやの情景を木彫や粘土などで表現し、クリスマスに教会や家庭に飾るものであるが、ここには大小多様なデザインのクリッペが約100

チロル州のクリッペ（1999年）
うまやは、木造のチロル農家風。衣類は紙。

毛糸で編んだ人形のクリッペ（1999年）
子どもの喜びそうな色とりどりの人形が並ぶ。

市立博物館の巨大なクリッペ（1999年）
幅3mに近い巨大で精巧なクリッペの中心部。

点展示され、材料も木や金属、布、紙、さらにはガラスなどさまざま。愛嬌たっぷりのクリッペもあって楽しかった。

　旧市街の南の入口にあるインナーベルガーシュタットルと称するかつての穀物貯蔵庫（17世紀）が、今では市立博物館になっているが、ここにも入口を入ったところに幅3mに近い豪華なクリッペが展示されていた。

クリストキンドルのクリスマス郵便局

　シュタイヤーのアドヴェントのもう一つの呼び物は、郊外のクリストキンドルという村のクリスマス郵便局である。シュタイヤーの西2kmばかりのところにある「クリストキンドル」（幼な児キリスト）は18世紀初頭に建てられたバロック様式の巡礼教会がある村であるが、アドヴェントになるとここの郵便局には、クリスマスカードにクリストキンドルという消印を押してもらうべく、全世界から毎年200万通ものクリスマスカードが送られてくるという。

　シュタイヤーの中心広場、市庁舎前から1時間ごとに送迎バスが出ているというので行ってみた。第二次世界大戦前のものと思えるレトロなバスで10分、着いた村の中心に巡礼教会があり、その裏手にクリスマス郵便局があった。4週間で200万通なら1日7万通、さぞ満員かと思いきや、客はわれわれの他に数人で、思いのほかすいていた。しかし、カウンターの向こうでは数人の局員が手でクリスマスカードに一枚一枚、丁寧に、しかしせっせとスタンプを押していたから、たぶん消印を押してくれ、と郵送してくる人が大部分なのだろうと思う。

　クリスマスカードというものを出したことのないわれわれであるが、せっかくだからと思って、敬虔なクリスチャンである先輩に1枚、さらに自分あてにも1枚、アドレスを書いて窓口に頼んだ。帰国したら着いていた。

（浮田典良）

クリストキンドルの郵便局（1999年）
1999年12月に訪れたクリスマス郵便局。開局は1949年という。

翌年夏に訪れたらレストラン（2000年）
アドヴェントの期間中だけ、建物の半分を郵便局に貸すのだという。

29 ● ローマ時代からの交通・商業の要衝
ヴェルス

旧市街の美しい町並み

　ウィーンから西へザルツブルクへ向かう特急列車（IC）が、リンツの次に停まるヴェルスは、人口58,639（2012年、オーストリア第8位）、ローマ帝国時代の街道の要衝であった、オヴィラヴァから発展した古い町である。現在の市街にはローマ時代の建物は何も残っていないが、市立博物館には当時の貴重な遺物が展示されている。

　旧市街の中心広場はシュタイヤーほどではないけれども、中央部がやや膨らんだ紡錘形の広場で、その西の端には1618年に建てられたレーダラートゥルム（皮なめし工の塔）という塔がそびえ、その下をくぐって広場に入ることになる。広場には市庁舎をはじめ、

旧市街の中心広場西端部（2001年）
広場の入口にはレーダラートゥルムがそびえる。左手前は長らくクレムスミュンスター修道院に属していた建物で、今はホテル。

中心広場の中央部にある市庁舎（2001年）
バロック様式のファサードが美しい。

中心広場に面する建物の中庭（2001年）
自由に入って行けるところも少なくない。

美しいファサードで飾られた多くの古い建物が並ぶ。

　広場に面する建物は、これまたシュタイヤーと同様、美しい中庭に自由に入って行けるものがあり、その奥にさらに店舗が続いていたりする。

地域中心都市としてのにぎわい

　中心広場の東半分が歩行者専用となっているほか、そこから北へ向かうシュミット小路、それに続くベッカー小路も、平日午前6～10時には業務用車両は進入できるが、それ以外は歩行者専用で、多くの人でにぎわっている。行き交う人々を眺めていると、なかには旅行者・観光客もあろうが、大部分は買い物やさまざまな用足しに訪れたヴェルスの市民か近郷近在の人々のように見える。

　ヴェルスの方がシュタイヤーより人口も多いし、それを取り巻く地域の経済活動も活発なためか、商店街のにぎわいはシュタイヤーよりもずっと上である。

歩行者専用のシュミット小路（2001年）

歩行者専用のベッカー小路（2001年）

完備された駐車場・駐車スペース

　そういう人々の多くは自動車で都心近くまで来るのであるが、感心するのは屋内駐車場、地下駐車場や路上の駐車スペースが豊富に用意されていることである。どこも有料で、手近の駐車券発行ボックスでコインを入れ、時刻の記された駐車券を受け取り、フロントガラスの内側にそれを置くようになっているのであるが、当時の通貨1シリング（8円）で4分。1シリング硬貨を三つ入れてボタンを押せば12分後、5シリング硬貨一つで20分後の時刻を刻んだ駐車券が出てくる。最長2時間まで駐車できる。

（浮田典良）

有料駐車スポット（2001年）
ヴェルス市街のあちこちにある。料金均一。

● 岩塩運搬の中継駅

30 馬車鉄道の名残り

2000年に開館した馬車博物館

　ケルシュバウムの章（92頁）で述べたリンツとチェコのチェスケー・ブジェヨヴィツェ間の馬車鉄道が1832年に開通した4年後、1836年には線路がさらに南西に伸びて、トラウン湖畔のグムンデンまで延長され（66.9km）、ザルツカンマーグートのバート・イシュルやハルシュタットで採取された岩塩は、トラウン湖を船でグムンデンまで運ばれ、そこから馬車鉄道で直接ボヘミアまで運ばれるようになった。

　2001年8月ヴェルスを訪れた際、観光案内所にこの延伸部分の馬車鉄道に関する博物館のチラシが置いてあったので訪ねてみた。ヴェルスから東へ約2km、マックスルハイトのかつての貨物馬車の中継（馬の交代）駅のあとが、今はホテル・レストランになっており、その別棟が博物館になっている。2000年に開館したものだという。レストランの主に頼んで鍵を開けてもらい、入ってみたら、実物大で復原した旅客用、貨物用の馬車が展示され、さらに地図や写真入りでの説明が掲げられていた。

マックスルハイトの旧駅舎（2001年）
今はホテル・レストランで、別棟に博物館。

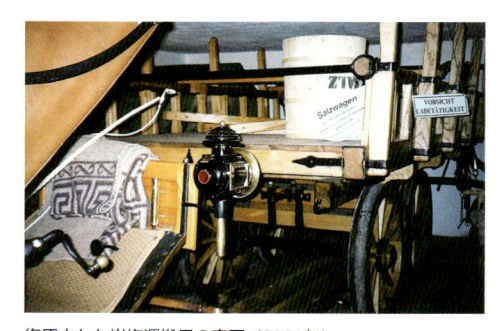

わずか20年間の営業

　この延伸部分の馬車鉄道の営業は1836年から1856年までのわずか20年間に過ぎなかった。リンツとチェコのチェスケー・ブジェヨヴィツェ間は1832年から1872年までの40年間であったのに比べ、半分である。鉄道開

復原された岩塩運搬用の車両（2001年）
最盛期には一日に300両もの岩塩運搬馬車がチェコを目指して発進した。

通が早かったからである。

博物館の壁には、1850年代後半に作成され、1878年まで使われていたという地籍図（鉄道沿線の主要地点）の拡大コピーが掲げられていたが、ヴェルス付近では1856年まで営業していた馬車鉄道の線路も、1859年に開通した現在の鉄道の線路も載っている。なお、1856年から1859年までの3年間は、馬車鉄道の線路を利用し、馬ではなく蒸気機関車が引っ張って営業したのだという。

博物館の入口の看板（2001年）
1836年から1856年までここを通ったとある。

最盛期、このマックスルハイトでは100頭の馬が常備され、駅務事務所のほかに鉄道員の宿泊・食事の施設や馬の飼料庫（エンバクと干し草）もあった。

ヴェルスの馬車鉄道駅

なお、マックスルハイトは貨物馬車用の駅であり、旅客馬車の駅はヴェルスにあった。博物館の壁に掲げられていた1850年ころのヴェルスの地図によると、当時の町の北東端、現在のシュテルツハーマー通りに駅舎があったことがわかる。最盛期の1852年には、年間の乗降客17万人を数えたという。

1850年ウィーンからバート・イシュルまでの行程

ところで、博物館開館を報じた2000年6月4日付けの地方紙に、1850年、オーストリア・ハンガリー帝国の皇帝フランツ・ヨーゼフが、ウィーンからバート・イシュル（皇帝お気に入りの保養地：122頁）まで行くのに何時間かかったかという記事が載っていた。ウィーンからリンツまではドナウ川を蒸気船で上り、リンツからグムンデンまでこの馬車鉄道、ついでトラウン湖を蒸気船で行き、南端のエーベンゼーからバート・イシュルまでは馬車。以上で合計50時間を要し、うち6時間が馬車鉄道だったという。

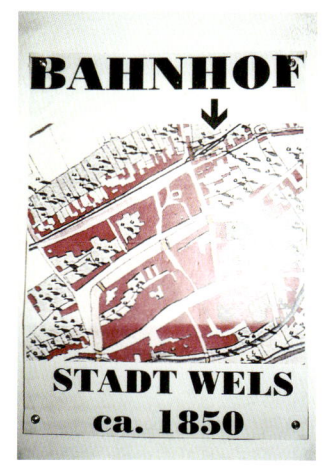

1850年ころのヴェルスの地図（2001年）
馬車鉄道の駅舎の位置がわかる。

（浮田典良）

31 ● 療養客の多い静かな温泉町
バート・ハル

客は主として健康保険利用の療養客

　リンツの南と西、それぞれ車で1時間足らずのところに、バート・ハル（人口4,789、2012年）、バート・シャラーバッハ（人口3,441、2012年）という温泉町がある。いずれも病後の療養のために訪れる客の多い温泉場である。そのことは、オーストリア政府統計局の発行している観光統計を見るとよくわかる。統計では市町村ごとに宿泊客が平均何泊したかがわかるが、バート・ハルは平均13.3泊（1997年）、バート・シャラーバッハは12.3泊で、際立って長い（他に10泊を超えるところはない。全国平均は4.6泊）。それからオーストリアでの宿泊客は全般に外国人が多くて、全国平均では69.8％にも及ぶが（外国人のうちの約3分の2はドイツ人）、これら二つの温泉町では外国人が極端に少なく、バート・ハルは7.8％、バート・シャラーバッハは6.2％に過ぎない。それは健康保険を利用して来る療養客が多く、したがって健康保険の適用を受けるオーストリア人が大部分を占めることになるわけである。

　両者とも平原に位置し、近くに山があるわけでも湖があるわけでもない。史跡・名勝の類もない。純粋に療養・保養をという滞在客が大部分であろう。またおそらく、高齢者が多いに違いない。どのように滞在し、療養しているのか見たいと思って、われわれは2000年の夏、バート・ハルを、2001年の夏にはバート・シャラーバッハを訪ねて、それぞれ3泊した。

バート・ハルのクアパーク（2000年）
鬱蒼とした森林に覆われた部分が多い。

バート・ハルのクアハウス（2000年）
温泉を利用したさまざまな療法を受ける。

広大な保養公園（クアパーク）のあるバート・ハル

　バート・ハルでは、ホテル・ペンションの一覧表をあらかじめ入手していたので、着いてから静かそうなペンションを探して直接当たったら、2軒目でOK。朝食つき2人で1泊わずか700シリングの小綺麗なペンションに泊まることができた。裏手がすぐ保養公園（クアパーク）になっている。

　町のパンフレットによると公園の総面積34ha、そこに縦横に走っている散歩道は延長20kmに及ぶという。地図を見るとその大部分は森林である。公園の一角にクアハウス（健康センター）という立派な建物があったので入ってみた。入口を入ると大病院の受付の感じである。そこで申し込んで医師の診察を受け、一定の期間、一定の処方箋のもとに入浴したり、温泉を飲んだり吸入したり、あるいはマッサージ、水中での体操など、さまざまなリハビリテーション療法を受けることになるらしいが、健康な者には居づらい雰囲気だったので早々に退散した。

温泉の霧を吸うためのあずまや（2000年）
枝条架を流れ下って霧状になる温泉を吸う。

　クアハウスの近くに八角形の大きなあずまや風の建物があり、その中央に、日本でもかつて瀬戸内海の流下式塩田で用いられたような枝条架があって、そのまわりのベンチに何人かがじっと座っていた。高さ5mの枝条架の上から温泉（ヨード分が多い）が枝から枝へと流下し、霧状になって、それを吸うと気管支の疾患に効能があるという。毎日、規則正しく10～20分ここに座って、数週間それを続けるべし、と掲示されていた。

クアパークの日曜コンサート（2000年）
聴衆は高齢者が圧倒的で、車椅子の人も。

　クアパークの一角には野外音楽堂があり、2日目の午後3時から「日曜コンサート」があるというので行ってみた。弦楽器6人、管楽器4人、打楽器2人、それに初老の指揮者の計13人のこぢんまりしたオーケストラは、お世辞にも名演奏とは申しかねたが、ベンチに座った聴衆は1曲ごとに拍手を送っていた。

（浮田典良）

● 公的保養施設と温水プール
バート・シャラーバッハ

公的宿泊・保養施設の多いバート・シャラーバッハ

　ヴェルスから北西へ15km、ドイツのパッサウへ向かう鉄道幹線に沿っていて便利なバート・シャラーバッハは、1918年に、石油の探索をしていてたまたま37.2℃の硫黄泉が湧き出してきたという、比較的開発の新しい温泉である。しかし、面積20haに及ぶ保養公園（クアパーク）や美しい花壇に囲まれたクアセンターなど、保養施設がよく整っている。

　ここでは、到着が夕方になるので、オーストリア全国の主要ホテルを掲げた冊子のバート・シャラーバッハの欄にただ一つ載っている４つ星ホテルに、前日電話で予約した。「グリューネス・テュア」（緑の小さな戸）というこのホテルは、平面形がロの字形のかつての大農場の建物を改造した、趣のあるホテルで、ことにレストランがすばらしかった。着いてからインフォーメーションでもらった冊子でわかったのであるが、年間延べ34.2万人も宿泊者があるというのに、ホテルや

バート・シャラーバッハのクアパーク（2001年）

バート・シャラーバッハのクアセンター（2001年）

バート・シャラーバッハの労働者退職年金保険機構保養所（2001年）

バート・ハルのタッシロテルメ（2000年）
中年ないし高齢の客が多い。

バート・シャラーバッハのコロラマ（2001年）

ペンションの数が思いのほか少ない。それは、公的な宿泊・保養施設が多いからである。労働者退職年金保険機構の保養所だとか、鉄道員、教員の共済組合保養所とか、大規模な施設が町のそこかしこにあり、温泉を利用しての療養施設もそのなかに完備しているようであった。

バート・シャラーバッハのアカプルコ（2001年）

健康な人のための温泉プール

　バート・ハルでは、公園のはずれに健康な人のためのタッシロテルメという温泉プールがあった。われわれは3日ともそこへ出かけた。室内と屋外のプールがあって、水温は32〜33℃程度、室内部分の2階には小さなジャグジー・プールやサウナもあった。

　バート・シャラーバッハでは、コロラマという温泉プール（室内は32℃、屋外は34℃）のほかに、アカプルコと称する遊戯的色彩の強い大きな温泉プールがあり、プールの水が突然ある方向に激しく流れたり、波打ったり、また温泉とともにプールへ滑り下りるいくつもの滑り台があったりして、子ども連れが多く、そして大人も子どもも歓声や嬌声をあげながら、楽しんでいた。滑り台のうち、傾斜がゆるやかで長い黄色のそれが「黄河」、急傾斜でスリル満点なのが、何と「カミカゼ滑り台」と名づけられていた。

（浮田典良）

33 ● 陶器工房とかつて岩塩の取引で栄えた町
グムンデン

トラウン湖岸のカラフルな保養地

　ザルツカンマーグート（118頁）でアッター湖に次いで2番目に大きな湖、トラウン湖の北岸にあるグムンデンは、人口13,071（2012年）。湖岸にはマロニエの並木の遊歩道が伸び、湖上には多くのヨット、ボートが浮かび、ザルツカンマーグート屈指の美しいリゾートである。ウィーンとザルツブルクを結ぶ幹線鉄道のアトナング・プッフハイムから、南へローカル線で約20分のグムンデン駅は町はずれの高みにあり、そこから町の中心までゆるやかな坂道を路面電車で下ることになる。

　15世紀以来、グムンデンは色鮮やかな陶器、いわゆるグムンデン焼きの製造で知られる。カップや皿など、実用性に富んだ厚みのある陶器で、代表的なオーストリアの手工芸品、土産物として、この町ばかりでなくウィーンなどの店先でもよく見かける。駅から町へ下って行く途中に、見学できる陶器工房がある。

　市庁舎の正面バルコニー4階に懸かるカリヨンも陶器製で、一日に5回、10時、

路面電車の終点は町の中心（2000年）
駅前から路面電車で町の中心（トラウン湖畔）へ。

対岸から望んだ市庁舎広場（2000年）
湖岸に沿ってカラフルな古い建物が連なる。

ルネサンス様式の市庁舎（2000年）
陶器のカリヨンが一日に5回、柔らかな音色を響かせる。

106

外輪の遊覧船「ギーゼラ」号（2000年）
1871年、皇帝フランツ・ヨーゼフ１世が乗ったという外輪船。近年修復された。

湖上のオルト城（17世紀）（2000年）
町の中心から南西へ１km余。湖岸と橋で結ばれている。

12時、14時、16時、19時に鐘が鳴るが、鉄製の鐘に比べて音色が柔らかい。

かつての岩塩の積み替え地点

　馬車鉄道の名残りの章（100頁）でも述べたように、ザルツカンマーグートのバート・イシュルやハルシュタットの岩塩坑から採掘された岩塩は、トラウン湖の南岸まで運ばれ、船でこのグムンデンまで運ばれたのち、ここから馬車鉄道でボヘミアへ運ばれた。ここグムンデンは岩塩取引の中心として大いに栄えた。グムンデンの市庁舎が、町の規模に比べて豪壮なのは、そのためである。

　グムンデンには町の背後の高台にある駅の他に、中心市街の対岸の湖畔に小さな「グムンデン―湖畔」駅がある。今では線路脇に雑草が生い茂り、１両編成のローカル列車が時折発着するだけのさびれた駅であるが、かつては船から鉄道への積み替えでにぎわった駅であった。

（浮田典良）

オルト城から望んだトラウン湖（2000年）
左手にそびえるのはトラウンシュタイン山（1691m）。湖面は422m。

ローカル線の終点「グムンデン―湖畔」駅（2000年）
今はさびれているが、かつては湖上水運との連絡駅で、岩塩の積み替えでにぎわった。

107

34 ● カトリック世界が色濃く残る地域
ザルツブルク州

カトリックの中心地

　ザルツブルク州は面積7,154km²（オーストリア国内第6位）、人口53.1万（2012年）である。あまり知られていないのだが、現在のザルツブルク州の地域とオーストリアとの関係は、意外なほど浅い。ここは、かの有名なウィーン会議（1814〜1815年）によって、初めてオーストリア領になった地域である。今や観光地ザルツブルクがあまりに有名なために、いかにも生粋のオーストリアの土地と思われがちだが、オーストリア領であることよりも、ザルツブルク大司教の領地としての歴史のほうがはるかに長いのである。

教会の尖塔がめだつ集落（1996年）
カトリックの信仰が篤い地域であり、山間地にそびえる尖塔がめだつ。

　ザルツブルクの町は、8世紀に大司教区の中心となって以来、中世にはアルプスの北側におけるローマ・カトリックの総本山の一つとして絶大な権力のもとで発展してきた。19世紀はじめのナポレオンによる占領と、その結果として教会領の世俗化が行われるまで、この地域はカトリック一色に塗りこめられてきた。現在でも、小さな村に至るまで立派な教会やチャペルが建ち、道端にはキリスト像が置かれており、厚い信仰の地であることがうかがえる。ザルツブルクは作曲家モーツァルト生誕地でも知られるが、彼が教会音楽師だった父の絶対的な服従の下で作曲活動を開始したのも、ここがカトリック教会の本山であることを知れば容易に納得できる。

塩で栄えた地域

　ところで、当時強大な権力をもっていた大司教がザルツブルクに本拠を置いたことと、この地域で豊富な岩塩が産出してきたこととは無縁ではない。中央ヨーロッパでは、岩塩は早くから食料の保存に使える貴重な資源として重要視されてきた。純度の高い塩は高額で取引されたので、ザルツブルクには多くの財がもたらされた。アルプスの北の地域における貴重な塩の集散地として、ザルツブルクはヨーロッパ各地と交通路で結ばれ、大いに繁栄した。山がちなザルツブルク地方が栄えてきたのは、ひと

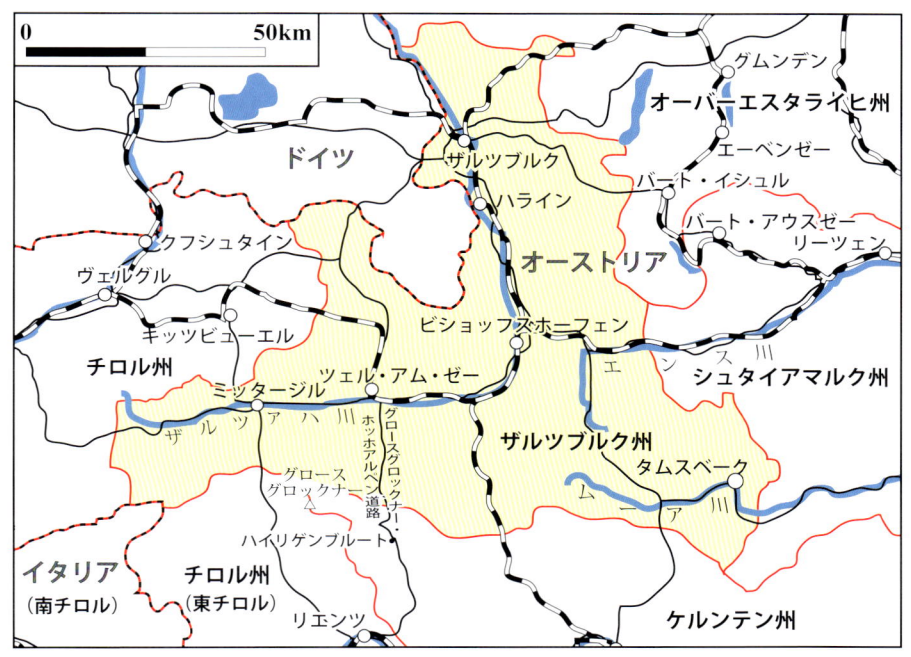

ザルツブルク州

えに塩の恩恵によっている。

　もちろん、塩だけで人々は暮らしていけない。この地方を支えてきたもう一つが、その西に広がるバイエルンの沃野である。ザルツブルク州は、ドナウ川の支流であるイン川を境にして、ドイツのバイエルン州と接している。川は水運に利用され、アルプスの北側に広がるバイエルン地方から小麦やジャガイモなどの農産物が運ばれた。山岳地ザルツブルク地方は、この広大な沃野の恩恵を存分に受けてきたのである。この地方の名物にザルツブルガー・ノッカルという焼き菓子がある。泡立てた卵白に小麦粉と砂糖を合わせてオーブンで焼いたものだが、これもれっきとした穀倉地帯の産物である。

　観光客でにぎわうザルツブルクの一角からいくらかはずれて、堂々たる教会関連の建物が迫る小路を歩くと、かつて支配していた聖職者たちの権力が透けて見えるような気がしてくる。ふとモーツァルト晩年の作品「死者のためのミサ曲」のメロディが口をついて出てきた。静けさのなか、ここでは聖なる世界がまだ息を絶っていないことにハッとするのも、長く変わらない町のたたずまいがあるからかもしれない。

（加賀美雅弘）

35 ● 塩で築かれた歴史都市
ザルツブルク

ザルツブルク城の威容

　ザルツブルクは、言うまでもなくオーストリアきっての観光地である。人口147,727（2012年）、モーツァルトの生誕地であり、毎年開かれる音楽祭で世界的に知られる町である。また、かつて大司教が君臨し、今も教会関係の建物が圧倒する旧市街地や、町を見下ろすようにそびえ立つホーエン・ザルツブルク城の威容などいずれも観光客を魅了してやまない。夏のシーズンともなると、目抜き通りであるゲトライデ小路は、押すな押すなの大混雑になる。

　ザルツブルクは、その名が示すように、塩の集散地として発展してきた。近郊で産する岩塩の取引場所であり、多くの財がこの町を潤してきた。町を貫流するザルツァハ川は岩塩の産地であるアルプスの山岳地を源とし、下流でイン川に流れ込む。イン川はドイツの町パッサウでドナウ川に合流し、ウィーンに向かって流れる。そうした交通の便がこの町の発展に大きな役割を果たしてきた。

　ホーエン・ザルツブルク城に登ってみる。思った以上に険しい岩山だ。その頂きに要塞のような巨大な城が乗っかっている。山の上に築かれた城は美しいばかりだが、ヨーロッパの山城に登るとつくづく思うのは、これだけの城を築くのにどれだけの労役が消耗されたのか。過酷な重労働を課すことができた強大な権力と、それに従事せざるを得ない労働者たちの存在。昔からあるヨーロッパの極端な階層社会を考えずにいられない。

ザルツブルク旧市街地（2011年）
手前のザルツァハ川に沿って発達した市街地と、その背後にはホーエン・ザルツブルク城が見える。

観光客でにぎわうゲトライデ小路（2011年）
市民の暮らしを支える商店が並び、加えて土産物や飲食店がひしめいている。

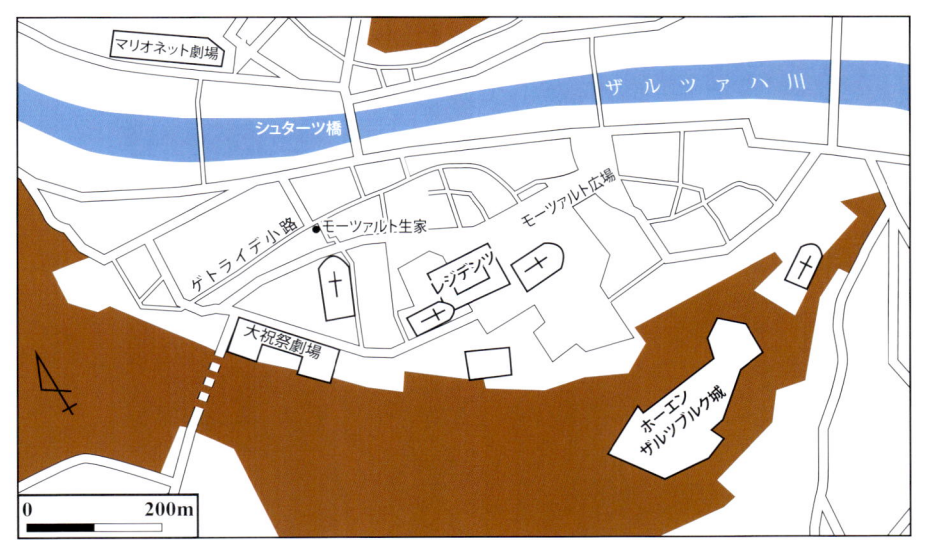

ザルツブルク旧市街地　　　　　　　　　　　　　　　　　　　　　　　　　藤塚吉浩作成

豊かな土地が生んだ町

　城から見えるザルツブルクの市街地は比較的こぢんまりしている。足元には、18世紀末まで、つまりモーツァルトの時代の頃までにつくりあげられたザルツブルク旧市街地の町並みがひろがる。その当時、ザルツァハ川の向こう側には、ミラベル宮殿のような離宮しかなかった。それが19世紀半ばに川向こうに鉄道の駅がつくられると、それまでの市街地との間に新しい市街地が生まれた。そして20世紀半ば以降、郊外に一戸建ての町並みが広がっていった。

　町の歴史を語るのは建物ばかりではない。歩いていると目につくのがビアホール。多くの醸造所もある。城のすぐ下にあるシュティーグル（城に登る階段を意味するStiegeが由来）をはじめ、トゥルーマーやマキシミリアンズなどなど。近郊の豊かな小麦地帯とホップ、潤沢な水源がザルツブルクをビールの産地に仕立て上げてきたのである。そういえば、観光客でにぎわうゲトライデ小路の名前、ゲトライデは穀物の意味。穀物を取引する市場が町の真ん中に位置するあたり、ビール発達史も容易に察しがつく。ザルツブルクが塩や穀物などの集散地として古くから栄え、偉大な音楽家を輩出したのは、その地の利のよさと、ローマ・カトリックという強大な権力があったからこそなのであろう。

（加賀美雅弘）

36 ● モーツァルトの魅力
ザルツブルク音楽祭

ザルツブルク音楽祭の町

　ザルツブルクが生んだ作曲家モーツァルトにちなみ、この町で毎年8月に開かれるザルツブルク音楽祭は、世界から注目されるヨーロッパ有数のイベントである。1920年に始まって以来、ときの頂点をきわめた演奏家たちがここでその腕を披露し、多くの人々を魅了してきた。音楽祭は年々その規模を大きくしており、いまでは祝祭大劇場（1960年竣工）をはじめ、モーツァルトのための劇場（旧ザルツブルク祝祭小劇場だったものが生誕250周年記念で改称）、採石場跡を利用したフェルゼンライトシューレなどの劇場がそろっている。シーズンともなれば、音楽祭の参加者と町を楽しむ観光客とで、ザルツブルクの町はまさにごった返すのである。

　ザルツブルク音楽祭の長い歴史のなかで、語らずにおられないのが指揮者ヘルベルト・フォン・カラヤン（1908～1989年）である。ザルツブルク生まれのこの稀代の音楽家のおかげで、音楽祭の今日のにぎわいがあるといっても過言ではないからである。カラヤンは、フォンという名称が示すように貴族の家系である。オーストリアではハプスブルク帝国崩壊後の1919年に貴族廃止令が出され、フォンを名乗ることが禁止された（ちなみにドイツでは今もなお、貴族出身者はフォンを名乗ることができる）。しかし、カラヤンは芸名としてフォンを名乗り続けた。1950年代にベルリンフィルの首席指揮者と芸術総監督をつとめるかたわら、ウィーン国立歌劇場の芸術総監

大司教の宮殿レジデンツとドームが陣取る旧市街地（2011年）

モーツァルト広場にたつモーツァルト像（2011年）

督にも就任。まさに「帝王」の名をほしいままにした人物である。

　売れっ子だったカラヤンは、音楽祭の広報にも積極的だったといわれる。一時はカラヤン見たさにプレミアのつくチケットも出たそうである。しかし、彼はスターだったばかりでなく、後進の指導にも熱心だった。いまや世界的に知られる小沢征爾も薫陶を受けた一人である。1989年に急逝したあとも、なお音楽祭が異彩を放ち続けているのは、カラヤンが多くの人材を残したからに他ならない。

モーツァルトの遺産

　モーツァルトにとってザルツブルクが揺籃の地であるのはいうまでもない。わずか35年の短い生涯で、歌劇や交響曲、協奏曲など600以上の作品を残した作曲家の生まれ故郷である。そして、今も生家が残され、彼が演奏したゆかりの建物が並ぶ。作品が繰り返し演奏され、彼の名を冠したチョコレートまである。この町にはモーツァルトの亡霊が生き続けていると言ってもよいだろう。

　モーツァルトといえばウィーンをはじめヨーロッパ各地での華々しい活躍が知られるが、幼少年期を過ごしたこの町こそが、この作曲家の卓抜した才能の源泉だったに違いない。1777年、モーツァルト21歳の作品であるピアノ協奏曲第9番（K271）は、フランス人ピアニストのジュノーム嬢がザルツブルクを訪れた際に献呈されたものといわれる。第1楽章のオーケストラとピアノの見事なコンビネーション、第2楽章のハ短調の重厚なソナタに続いて第3楽章では心地よいロンドという、この時期の作品のなかでも際立った展開をなしている。モーツァルトがどのような成長を遂げたのか、意外なほどわかっていない。ただ、ザルツブルクの町の歴史や伝統と、彼の作品が無縁なはずはあるまい。

モーツァルトの生家（1999年）
浮田典良撮影。

　モーツァルトの生家は、ザルツブルクの目抜き通りゲトライデ小路（110-111頁）にある。今でこそ観光客でにぎわうこの通りも、当時は商いにいそしむ人々と、暮らしを立てるための稼ぎを求める人々がうごめく一角だったのだろう。カトリックの大聖堂がそびえる町で、聖と俗が渦巻くなか、神童と呼ばれたモーツァルトが生み出した作品は、今もなお、聴く者を愉楽の世界へと誘い込む魔力を持ち続けている。その魔力に身を任せながら歩けば、ザルツブルクの町は限りなく趣を増すことだろう。

（加賀美雅弘）

● 極上の眺望を楽しむ

37 ツェル・アム・ゼー

湖畔でくつろぐ人々

　ザルツブルクからザルツァハ川沿いをさかのぼって行くこと約90km。山あいを延びる高速道路と一般道路を乗り継いで1時間半ほど走ると、ツェル・アム・ゼーの町に到着する。人口は9,554（2012年）。

　南北に約4km、幅1kmほどの細長いツェラー湖。町はその西岸に臨み、白壁の美しい建物が緑のなかに点在している。湖岸にはいくつもの大きなホテルが陣取り、水際すれすれまで張り出している。水際に近いところをプロムナードが延びており、それは湖岸5kmにも及んでいる。湖面をそよぐ風が心地よく、年配の夫婦が寄り添って歩く姿がよく似合う風景である。湖上には白い帆をいっぱいに膨らませたヨットがいくつも揺れており、はるか先にアルプスの嶺を見渡しながら、夏の光のなかで時間がゆっくりと過ぎてゆく。ここは紛れもなく森と湖が満喫できるリゾート地である。

　実際、ツェル・アム・ゼーは、19世紀後半には著名な観光地になっていた。1875年にザルツブルクからギーゼラ鉄

ツェル・アム・ゼー（2000年）
歩行者専用の広場。浮田典良撮影。

ツェラー湖畔のホテル（2000年）
浮田典良撮影。

湖畔のプロムナード（2000年）
浮田典良撮影。

● 114

道が敷設され、ウィーンやミュンヘンから難なく来られるようになった。ときのハプスブルク帝国皇帝フランツ・ヨーゼフの娘ギーゼラの名にちなんだ鉄道である。さらに1885年には、フランツ・ヨーゼフ皇帝とエリーザベト皇后夫妻がここを訪れている。

のちにサウンド・オブ・ミュージックの主人公として知られるようになったトラップ家の人々も、避暑のために滞在した記録が残されている。家族で合唱団として名声を博したトラップ一家は、1938年にオーストリアがナチスの支配下に置かれたためにアメリカに亡命した。「ドレミの歌」などで知られるミュージカル映画は、アルプスの美しい風景を舞台にしている。

壮大なアルプスの風景を楽しむ

もっとも、ほかの観光地と同様、ここでも見どころは山の上だ。標高1965mのシュミッテンヘーエに登れば、オーストリア最高峰グロースグロックナー（3798m）をはじめとするホーエ・タウエルン山塊の威容を一望することができる。この眺望のすばらしさはすでに19世紀に知られており、登山具を身につけた山男たちが頂上めざして意気揚々と登っていった。1927年には麓から頂上まで直通するロープウェイが開通し、いよいよ誰もが訪れる場所になった。ツェル・アム・ゼーは、この眺望を楽しむ観光客の拠点としての役割も担ってきたのである。

アルプスの山の風景が都会の人々にとって魅力的なものになったのは、18世紀後半に勃興した博物学とロマン主義に負うところが大きい。そして登山家が書いた紀行文と画家が描いた風景画が、山並みを憧れの風景に仕立て上げた。シュミッテンヘーエにも多くの画家が訪れ、山の風景を描いている。

（加賀美雅弘）

ゾンコーゲルからのハイキングコース（2000年）
遠方に建物の見えるシュミッテンヘーエ（1965m）までの約2.5kmを歩く。浮田典良撮影。

山上からのツェル・アム・ゼーとツェラー湖の眺め（2000年）
浮田典良撮影。

38 ● ヨーロッパ分水嶺を越える道
グロースグロックナー・ホッホアルペン道路

難工事で開通した峠越えルート

　ヨーロッパを南北に分けるアルプスには、これを越える峠がいくつもある。これらの峠の歴史は古代ローマ帝国の時代にまでさかのぼり、いずれもヨーロッパの南と北をつなぐ交通路として利用されてきた。南からは香辛料や染料、ワインなど地中海沿岸の産物が持ち込まれ、北からは琥珀や毛皮などが運ばれた。

　オーストリアのほぼ中央部には、最高峰グロースグロックナー（3798m）をはじめとするホーエ・タウエルン山地がそびえている。現在のザルツブルク州、チロル州、ケルンテン州にまたがる地域である。ここにも古くから山越えの通路が置かれてきた。中世以降は南北ヨーロッパの長距離輸送路としても発達してきた。しかし、同じアルプス越えの峠で知られるブレンナー峠（160頁）よりはるかに険しい峠であり、難所の一つと数えられていた。

　これが、20世紀に入って一変する。第一次世界大戦後のハプスブルク帝国の崩壊と1929年の世界恐慌で多くの失業者が出ると、彼らを救済するための公共事業として、この峠を越える自動車道路の建設が始まったのである。工期わずか5年で1935年に開通。ザルツブルクを貫流するザルツァハ川をさかのぼったツェル・アム・ゼーの町と、ドナウ川の支流であるドラウ川に臨む東チロルの町リエンツを結ぶ全長58.3kmの道路により、ホッホトア峠（標高2504m）を自動車で越えるルートが生まれた。36ものヘアピンカーブは、この道が依然として難所であることをよく示している。

ホッホトア峠（2011年）
霧の中、標識で最高地点にいることを知る。

峠越えのトンネル（2011年）
これを抜けるとザルツブルク州。晴れていることを期待する。

● 116

道路開通以来、ここはオーストリアの南と北を結ぶ峠越えルートとして多くの観光客が訪れている。オーストリア最高峰のグロースグロックナーの雄姿を間近に楽しめるスポットとして、今やアルプス観光のメッカの一つになっている。

美しいアルプス山岳地の風景

　車で南から登ってゆく途中、山の斜面に母屋と畜舎が並ぶアルプス地域によくみられる切妻造の家屋が視野に入ってくる。母屋は3階建てで、こちらに向いて窓が並んでいる。畜舎のほうは1階部分が乳牛の飼育スペースで、2階以上は干草や農具が収められている。大型の家屋が多いのは、この一帯には子ども一人が財産を相続する伝統があるが、かつては相続のない兄弟たちも同居したからである。今は核家族化が進んでおり、多くの部屋があいている。マイカーで訪れる観光客が増えてきた1960年代頃から、そうした観光客をあてこんで部屋を貸す民宿が増えてきた。現在は別棟を設けて、規模を大きくした民宿農家もあちこちにある。なお、これらの家屋がどれも谷側に妻面を向けており、とても調和のとれた風景になっているが、それは条例でそうするように決められているからであり、この美しい農村風景が地域整備の努力によって維持されている事実を忘れてはならない。

　坂道を登ってゆくと、やがてハイリゲンブルートの集落が見えてくる。グロースグロックナーへの登山口として知られ、ケーブルカーやスキーリフトに乗れば、一帯の山々を巡ることができる。2011年8月にここを訪れたときは、残念ながら雨に見舞われ、美しい山並みを楽しむことはできなかった。しかし、夏にもかかわらず、ひんやりとした空気を味わいながら残雪をバックに記念写真が楽しめるのは、峠越えルートならではの魅力である。

（加賀美雅弘）

傾斜地に建つ農家（2011年）
左側に住宅、右側には納屋と厩舎を兼ねた建物が並んでいる。

民宿も営む農家（2011年）
ハイキングなど長期休暇を楽しむ観光客向けに多くの農家が民宿を経営している。

39 ザルツカンマーグート

● 塩の宝庫から観光のメッカへ

塩の産地としての名声

　オーストリア中央部、アルプス山中の森と湖が美しい場所にザルツカンマーグートはある。その大部分はオーバーエスターライヒ州に位置し、州都リンツから南西に向かって進んだ先、ザルツブルクの手前に広がる地域である。ドナウ川の支流であるトラウン川の水源になっているトラウン湖やアッター湖、さらにその上流にあるヴォルフガング湖やハルシュテッター湖、モント湖など大小76の湖が分布している。一帯は、ザルツブルク・カルクアルペン（石灰岩アルプスの意味）の山嶺が並び、ハルシュテッター湖の南にはダハシュタイン峰（2995m）がそびえている。

　ザルツカンマーグートという地名は、もともとバート・イシュルとハルシュタット付近をさしていた。ザルツカンマーグートとは、ドイツ語で「塩の御料地」の意味。

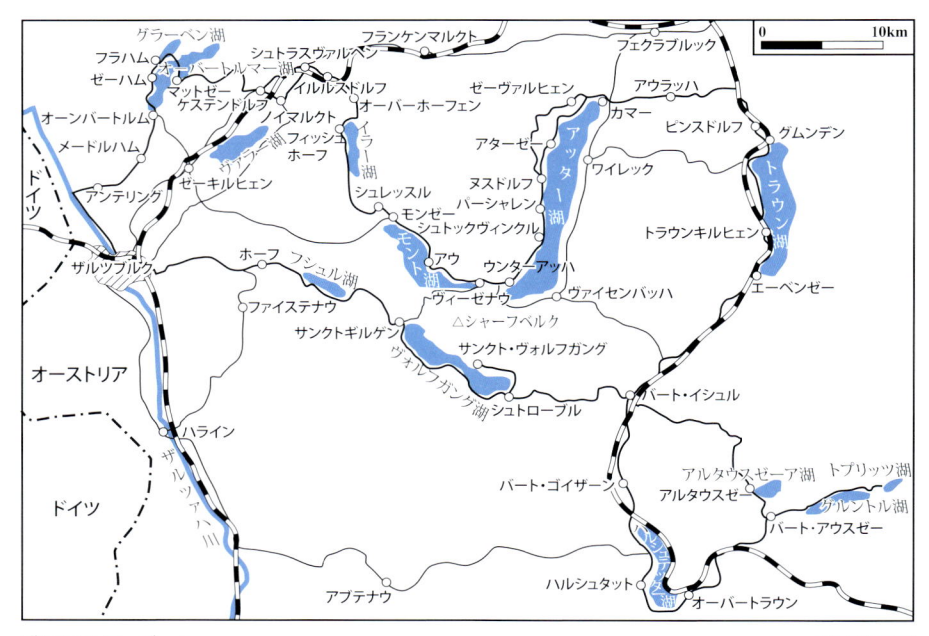

ザルツカンマーグート　　　　　　　　　　　　　　　　　　　　　　　藤塚吉浩作成

17世紀にこの二つの町の岩塩採掘地がハプスブルク家の所有地として、帝国の懐を潤すようになって以来、地名として定着してきた。岩塩は工業原料として重要な資源であり、19世紀までここには帝国財務省の支局が置かれるなど帝国の産業を支える地域と期待されたのである。しかし、交通の発達とともに海塩が流通するようになると、岩塩の需要は下がり、塩の市場を支配したザルツカンマーグートの地位も著しく低下してしまう。

観光客に開放された岩塩坑（2011年）
丁寧な説明とトロッコでめぐる坑道が観光の魅力になっている。

観光地、そして世界遺産

　一方、同じ19世紀。この地域は、保養や観光の目的地として名を馳せることになる。人口が増え、都会の住み心地が次第に悪くなるなかで、市民の間では健康への関心が高まり、すぐれた環境を求めて保養に出る習慣がひろまってゆく。その格好の場所として、ザルツカンマーグートはもてはやされることになる。

ザルツカンマーグートの玄関口グムンデン（1996年）
塩の集散地として栄えた市街地が見事である。

　発端は、フランツ・ヨーゼフ皇帝がバート・イシュルに夏の御用邸を設けたことにある。以来、避暑地の代名詞として、ザルツカンマーグートは都会人の癒しの場所として知られるところとなった。そもそも岩塩の搬出のために1877年に開通したザルツカンマーグート鉄道も、人々がこの秘境を訪れるのを容易にした。

　当時、塩が健康によいものとして評価されるようになったことも追い風だった。塩すなわちミネラルが体調を整え、健康増進に効くというものである。その結果、ザルツカンマーグートは、健康によい理想郷として評価されるようになったのである。森と湖の美しい風景を求める観光客の数は増える一方である。ザルツカンマーグートは、もはや岩塩採掘地としての歴史とは別にロマンチックな山岳観光地として知られ、この地名がさす地域の範囲も当初とは比較にならないほど広くなった。1997年にはハルシュタットの先史文化、岩塩採掘の歴史とともに、この美しい景観が世界遺産に登録されており、今後もオーストリア屈指の観光地であり続けるはずである。

（加賀美雅弘）

40 ● 山と湖を楽しむ代表的保養地
サンクト・ヴォルフガング湖

湖畔にたたずむ歴史的保養地

　ザルツカンマーグート西部、ヴォルフガング湖北岸にサンクト・ヴォルフガング・イム・ザルツカンマーグートの町がある（人口2,826、2012年）。ヴォルフガング湖は、氷河が削った深い谷に堆積したモレーンが水をせきとめてできた、いわゆる氷河湖である。細長い湖面が横たわり、その対岸に行くには大きく湖岸を迂回しなければならない。そのために早くから渡船が発達してきた。

　湖の北側、シャーフベルク山が湖岸に向かって落ちる畔に、町はへばりつくように広がっている。風光明媚な保養地であり、アルプス独特の切妻屋根を構えた大きなホテルが並んでいる。最近は、その狭い土地に巨大な分譲マンションが建設中だ。別荘での暮らしを夢見る人も多いのであろう。

　この町は、すでに19世紀後半のハプスブルク帝国時代に脚光を浴びていた。湖岸での大気保養が目的である。保養地におなじみの施設が軒を並べた。クアハウスやホテルはもちろん、カフェ、ブティック、映画館などである。ウィーン

ヴォルフガング湖（1990年）
シャーフベルク山頂より望む。織田雪江撮影。

観光客を迎える保養地の町並み（2011年）
レストランやカフェ、ブティックや美容院など長期滞在客向けの店もある。

シャーフベルク登山鉄道（2011年）
19世紀末の開通以来、ザルツカンマーグート観光のお目当ての一つであり続けている。

をはじめ、中央ヨーロッパ各地から多くの保養客が集まり、ここでゆったりとした保養を楽しんだ。山の中の保養地ならではの楽しみもあった。1893年には標高1783mのシャーフベルクに登る鉄道が開通。現在もSLが運行している。絶壁の山頂からは、ザルツカンマーグートの湖を抱くアルプスの眺望をわがものにすることができる。

保養地を楽しむ

　この地を夏に訪ねると、実にさまざまな人たちが滞在しているのに気づく。年配のいかにも保養を目的に長逗留を続けている人たち。毎日をゆっくりとした散歩とベンチでの歓談で過ごしているのだろうか。両手にステッキを持ち、リュックサックを背負う中年の夫婦。日焼けした顔には、これから登山に挑むエネルギーがみなぎっている。小学生くらいの子どもを連れた家族も多い。夏休みを自然のなかで楽しんでいる様子がなんともほほえましい。先生に連れられた中学生くらいの団体も遠足にやってきたようだ。山の澄んだ空気を存分に味わうに違いない。

　そして、われわれのような観光客。ザルツカンマーグートの一角として立ち寄らないわけにはいかない。しかし、これからバート・イシュル、ハルシュタットに向かう予定だから、滞在時間は2時間弱。急いで写真を撮り、みやげ物を買いあさり、一通り見たと納得したらそそくさと車に乗って立ち去る。おそらく保養地から最もかけ離れた旅行者ということになるのであろう。

（加賀美雅弘）

路傍に立つホテル案内（2011年）
ハイキングコースの道しるべのようなホテル案内板には、たくさんのホテルが並んでいる。

観光客を迎える巨大なホテル（2011年）
山岳地特有のデザインを配して景観に溶け込んだ巨大ホテルがいくつも建っている。

保養地にある映画館（2011年）
長期滞在を目的とする保養客にとって、映画館や劇場も欠かせない施設である。

121

41 ● 皇帝が愛した保養地
バート・イシュル

> 帝国時代きっての保養地

　ザルツカンマーグートの見どころの一つがバート・イシュル（人口13,923、2012年）である。バートとは浴すること、つまりここが温泉地であることを示している。

　バート・イシュルは、オーストリア、否、かつてのハプスブルク帝国において屈指の温泉保養地として知られてきた。温泉保養地としての歴史は長いものの、19世紀半ば以降、特に皇帝フランツ・ヨーゼフがこの地をこよなく愛し、カイザーヴィラと呼ばれる御用邸をここに設けて頻繁に逗留したことが、この保養地を際立たせることになった。

　もちろん、皇帝が滞在するとなれば、貴族や上流階級の人々もお出ましになる。政治家や財界人、文化人たちがはるばるウィーンから出かけてきた。保養地は社交場というお決まりがあるから、セレブを自負する人々にとってこの場所をはずすわけにはゆかない。彼らはこぞってここに別荘を建て、サロンを設け、時には単身で、あるいは家族総出で長期の滞在を楽しんだ。著名人だけでも、作曲家ヨハン・シュトラウスやブラームス、レハールなどの名前があがってくる。こうしてこの山のなかの小さな保養地は、あたかもウィーンの町さながらのにぎわいをもつに至ったのである。

カイザーヴィラの正面（2001年）
この町をヨーロッパ屈指の温泉保養地に仕立てあげた建物である。

町の中心にあるクアハウス（2001年）
美しい公園がひろがり、保養地が一種の理想郷であることがわかる場所である。

都会の雰囲気が持ち込まれた場所

　その名残りは、今もこの町のあちこちに残されている。目抜き通りのプファル小路には、この小さな町にふさわしくない店が軒を並べる。高級ブティック、宝飾店、書店、レストランなどなど。映画館や劇場もある。老舗のカフェ「ツァウナー」は、往時のままで営業中だ。店にはいると100年も時間が戻ったような錯覚をおこす。ただし、現代の客のほとんどは、われわれも含めて通りすがりの観光客のようである。

　温泉保養地は、まさにこうした山の中や農村に都会の空気を持ち込んだ場所として発展してきた。今ならば、旅行先では土地のものを食べたいとか、人の暮らしを知りたいといった好奇心が旅の動機というものだろう。しかし、この保養地が栄えた19世紀当時はまったく逆で、都会でなじんだ暮らしをそのまま持ち込み、都会と変わらぬ料理が求められた。人々はここにウィーンと同じ高いレベルのご馳走や演奏を期待したのである。そのため保養地は、あたかも飛び地のように、都会がそっくりそのまま引っ越してきたような場所になったのである。

老舗カフェ「ツァウナー」（2011年）
時代を感じさせるインテリアが多くの観光客をひきつけている。

川沿いのプロムナード（2001年）
散歩や読書、日光浴など憩いの場として人気のスポットである。

　この歴史ある保養地の雰囲気を満喫したければ、クアハウスと、その周辺に広がるクアパークと呼ばれる公園が最適だろう。どちらも瀟洒な景観のなかで優雅な雰囲気が楽しめる。バート・イシュルに限らず、保養地の中心ともいえる施設である。いずれも、都会的センスで練り上げられた空間である。しかし、山の中の保養地の美しさを堪能したい向きには、ここではなく、町のすぐ脇を流れるトラウン川の畔にあるプロムナードの散策をお勧めする。川のせせらぎと、ザルツカンマーグートの山並みを眺めながら、のんびりと山の空気を呼吸する。これこそまさに、都会を離れた保養地ならではの過ごし方というものである。

（加賀美雅弘）

42 ハルシュタット
● ザルツカンマーグートの奥座敷

生きている岩塩坑

　ザルツカンマーグートの最も奥に位置するのがハルシュタット。ケルト語に由来する塩を意味するハルと、ドイツ語の場所を指すシュタットからなる地名は、まさに岩塩採掘地そのものを示している。人口820の小さな村である。

　その岩塩が今も採掘されている。この地域で唯一「生きている」岩塩坑である。この一帯の岩塩坑は、19世紀に最盛期を迎えた後、次第に枯渇したのと、代わって海水塩や南アメリカなどヨーロッパ以外の地域からの安価な岩塩の輸入によって急速に縮小され、閉山を余儀なくされた。そうしたなか、ハルシュタットは依然として採掘が続けられている。

　ハルシュテッター湖畔からケーブルカーで急斜面を登り、さらに進んだところに鉱山はある。今では、観光客向けの鉱山見学がある。作業衣を身につけ、案内にしたがってトロッコに乗って鉱山に入ってみた。ひんやりとした坑内にともされた電灯に、まわりの岩肌が時折きらきらと光を発する。岩に含まれる塩の結晶が輝いて見えるのである。岩塩坑といっても塩の塊が取り出せるとは限らない。むしろ、岩の間を塩の層が筋のように走るといった状態だ。そのため、ある坑道が塩の層にあたると、そこに水を流し込み、塩が溶けた水をくみ出し、それを煮詰めて塩を集めるという工夫もなされてきた。手間がかかるが、こうして純度の高い塩を得ることができたのである。

湖岸にたたずむハルシュタットの集落（2001年）
湖岸に並ぶ家並みが実にロマンチックな風景をつくり出している。

岩塩坑へと登るケーブルカー（2011年）
山の中腹にある岩塩坑の入口に向かうケーブルカー。眺望もすばらしい。

ヨーロッパ先史文化の中心地

今でこそ車で難なく行けるハルシュタットだが、以前は道らしい道などなかった。氷河が削った切り立つような山の斜面が湖に没している。風景としてはすばらしいが、暮らしてゆくには厳しい環境である。塩は、もちろん船で運び出された。目的地は、平野に最も近いグムンデン（107頁）である。塩は、遠路はるばる都市へと運ばれていった。

ところで、ハルシュタットといえば、ヨーロッパの歴史には欠かせない。青銅器時代後期（紀元前800年頃）から鉄器時代前期（紀元前400年頃）にかけて、ヨーロッパに広く発達した文化はハルシュタット文化と呼ばれる。付近で当時の遺跡が発見されたことが、その名の由来になっている。

19世紀半ば以降、ここには先史時代の多くの墓地が発見され、さまざまな副葬品がみつかった。彼らはここで岩塩を採掘し、豊かな共同体生活を送っていたらしい。豊かと書いたのは、この文化が当時、ヨーロッパのかなり広い地域にわたって分布していたからである。同じような副葬品は、東はルーマニア、西はフランス東部にかけての地域で出土している。また、副葬品にはギリシャの陶器をはじめ、ワインや琥珀などもあったようで、当時、すでに南北ヨーロッパの交易があったことが知られている。ザルツカンマーグートの奥座敷ともいえるハルシュテッター湖畔にたたずみながら、人類の歴史に思いを寄せるのも悪くない。

（加賀美雅弘）

岩塩の倉庫（2011年）
ザルツカンマーグートをまわると、Salz（塩）と書かれた倉庫がいくつも見つかる。

木彫の伝統工芸（2011年）
ザルツカンマーグート一帯は、木彫も伝統的な産業になっている。

果物でつくる蒸留酒（2011年）
果実を発酵してつくった蒸留酒（シュナプス）は山岳地の特産物になっている。

43 シュタイアマルク州

● アルプスの南に広がる丘陵地帯

変化に富む地形と豊かな地下資源

　オーストリア南東部のシュタイアマルク州は、面積16,388km^{2}で九つの州のうち第2位であるが、人口は120.9万（2012年）で第4位、州都はオーストリア第二の都市、グラーツである。

　南東部はハンガリー、スロベニアに続くゆるやかな丘陵地帯が連なり、土地の大部分は耕地や牧草地として利用されているが、北西部はアルプスの東の延長部が連なり、森林や山地放牧地となっているところが多い。全体としては3000mに近い急峻な山地や深い谷から、なだらかな丘陵・台地・平野まですこぶる変化に富んだ州といってよい。

　歴史的には、中世以来シュタイアマルク公国として独自の政治・文化を守り続けてきたが、第一次世界大戦後、その領域がそのままオーストリアの州となった。

　北部にアイゼンエルツという町があり、その名自体が「鉄鉱石」という意味であるが、今もそこで鉄鉱石が採掘されてい

鉄鉱石の露天掘り（2001年）
マリアツェルから24号線を南西に行った、アイゼンエルツにて、東側の展望所より撮影。

錬鉄製の泉（1999年）
1626年建設。ブルック・アン・デア・ムーアのラートハウス前にて撮影。

広場に面するコルンメス館（1999年）
15世紀末の建物。ブルック・アン・デア・ムーアにて撮影。

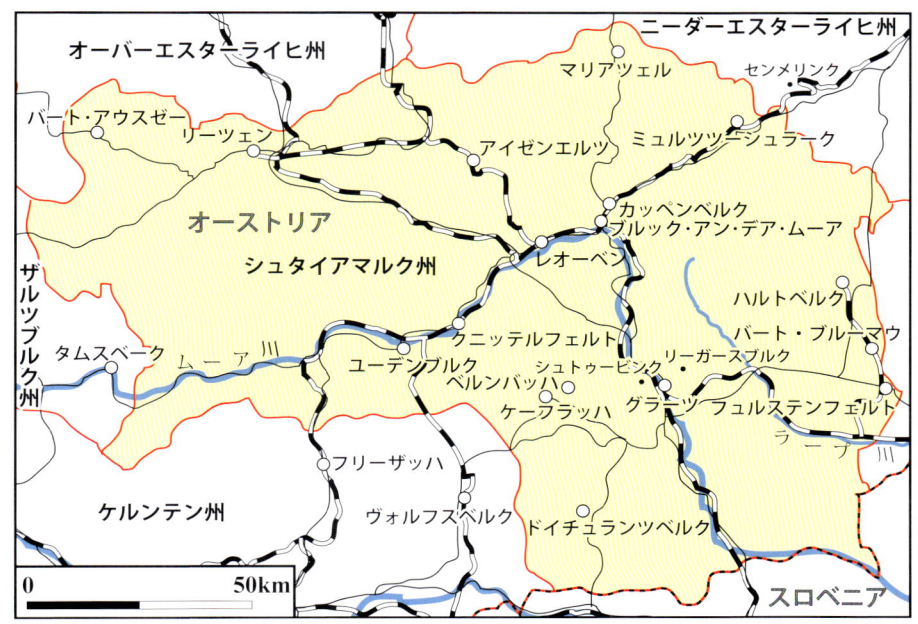

シュタイアマルク州　　　　　　　　　　　　　　　　　　　　　　藤塚吉浩作成

る。その他多くの地下資源に富み、ムーア川の沿岸のレオーベンやブルック・アン・デア・ムーア、カッペンベルクなどでは古くから鉄工業が発達した。

　観光の面でみると、来訪観光客数が多いのは、州都グラーツと北西の山間部とであり、それ以外には傑出した観光地はないが、オーストリア第一の巡礼教会のある北部山間のマリアツェルや、フンデルトヴァッサーのデザインで改修された教会のあるベルンバッハ、東部のいくつかの温泉など、異色ある観光地も少なくない。

(浮田典良)

新しい保養地バート・ブルーマウ（2000年）
ウィーンの芸術家フンデルトヴァッサーによる斬新なデザインで知られる。加賀美雅弘撮影。

44 ● 世界遺産に登録された鉄道
センメリンク

アルプスの峠を初めて越えた鉄道

　グログニツ駅から標高1000mに近いセンメリンク峠を越えてミュルツツーシュラーク駅に至る41.8kmの「センメリンク鉄道」は、1998年、アルプスを最初に越えた鉄道としてユネスコの世界遺産に登録された。センメリンク峠はニーダーエスターライヒ州とシュタイアマルク州との境界にあり、センメリンクの駅があるのは峠の下に掘られた短いトンネルの手前、つまりニーダーエスターライヒ州側であるが、ウィーンからグラーツに向かうとき、センメリンクはシュタイアマルクの入口という感があるので、ここで扱うことにする。

　ウィーン南駅からグラーツやクラーゲンフルト方面へ向かう特急列車が、発車後約1時間、グログニツ駅を通過すると、線路はしだいに山肌を縫って上って行く。右へ左へとカーブしながら高度を上げて行くにつれて視界が開け、列車はついに標高896mのセンメリンク駅に達する。特急列車は残念ながら停まらないが、駅構内の一角に、この鉄道を設計した技師カール・リッター・フォン・ゲガの記念像が見えた。

　1848年に着工され、1854年に完成したこの鉄道は、元来シュタイアマルク州北部で産出する鉄

センメリンク駅（1999年）
1時間に1本、各駅停車が停まるだけである。

設計者ゲガのレリーフ（1999年）
右下に世界遺産に登録されたことを示すプレート。

● 128

鉱石をウィーン南郊の工業都市ヴィーナー・ノイシュタットに運ぶためのものであった。ところがこれが、のちにオーストリア・ハンガリー帝国の首都ウィーンと地中海を結ぶ「南部鉄道」の一部に組み入れられることによって、国の命運を左右するほどにその重要性を高めることになった。

最大勾配25パーミル。ダイナマイトのなかった時代、人力で岩を砕いて建設された15のトンネルと16の高架橋は、1世紀半経った今もそのまま用いられ、周囲の雄大な景観のなかに溶け込んでいる。1998年、ユネスコの世界遺産に登録されたのは、そうした点も評価されたのであろう。

グラーツ行きの特急列車が残念ながら停まらなかったので、その後、レンタカーで西から東へこの峠を越えたとき、駅に寄ってみた。ゲガのレリーフを刻んだ記念像があり、その横に世界遺産に登録された旨の1998年5月16日付けのプレートが貼られていた。たまたまウィーン方面からの列車が到着したが、降りた乗客はほんの数名。世界遺産だからといって多くの人が訪れるというわけでもなさそうである。

ウィーンに近い保養地として

駅の上方にある豪華なホテル・パンハンスにも行ってみた。20世紀初め、ユーゲント様式を取り入れて建設されたこの巨大なホテルは、ウィーンから近く、冬はスキーも楽しめるので、貴族や知識人も多数来訪してにぎわったというが、第一次世界大戦で客足が遠のき、第二次世界大戦後はアルプス観光の中心が3000m級の峰が連なるチロルやザルツブルク方面に移り、またウィーンに近いことがかえって仇となって、宿泊客が減り、ホテルは休業に追い込まれた。

ホテル・パンハンス（1999年）
再開に当たってかなり改装されたというが、外観は20世紀初頭の絵葉書とほとんど変わっておらず、その偉容が往年の栄華をしのばせる。

ところが1990年代に入ってから、ハンガリー、スロバキア方面からの客も訪れるようになったので、パンハンスは規模を縮小して、かつての特徴を残しつつ修復して、営業を再開した。玄関前の駐車場にはかなりの台数が駐車していたが、昼下がりであまり人の気配がなく、昔ながらの偉容に近付きがたい雰囲気であったが、オーストリア全体の主要ホテル一覧でみると、ランクは4つ星で、料金も通常の4つ星ホテルと変わらない。機会があれば泊まってみたいと思う。

（浮田典良）

45 ● 世界遺産に登録された州都
グラーツ

キャッスル・ホテルズ

　英語で「キャッスル・ホテルズ」と称するホテルの連盟があり、ヨーロッパ11カ国の多くのホテルが加盟している。ドイツ語では「シュロースホテルズ」で、オーストリアの加盟ホテルは13。日本の観光ガイドブックで往々「古城ホテル」としているが、キャッスルやシュロースは「城」より「宮殿」「館」の方がいいと思う。グラーツにも「ホテル・ヨハン大公」というキャッスル・ホテルがある。

　若かったころは常に、なるべく安いホテルをと心がけたが、近年は幸いホテル代をあまり気にせずに旅行できるようになったし、グラーツのこのホテルは旧市街の中心広場に近くて便利そうに思えたので、前の晩、ウィーンのホテルから電話して2泊を予約した。グラーツ駅から市電で中心広場の停留所に着いたら徒歩1分。18世紀の館を改造したというこのホテルは、部屋の扉も高さ3mに近く、ベッドの上には天蓋が架され、豪華でクラシックなホテルだった。

ホテル・ヨハン大公（1999年）
宿泊代はツイン朝食込み2人で2,250シリング（20,700円）、1人10,350円であった。

吹き抜けのテラス（廊下）になっているホテルの中庭（1999年）
至る所に観葉植物の鉢が置かれていた。

グラーツのシンボル、時計塔（1999年）
通常の時計と逆に長針が時、短針が分を示す。

城山と市立公園

翌日、旧市街のすぐ北にある城山にケーブルで上った。グラーツのシンボルになっている時計塔の横から、赤い屋根瓦の続く旧市街の町並みが手に取るように俯瞰できた。人口259,928（2012年）。城山から東へ歩いて下りると市立公園である。19世紀後半、かつての市壁外側の斜堤あとを公園にしたもので、長さ1,200m、幅300mにわたって旧市街の東側を囲んでいる。木立には多くのリスを見かけた。

時計塔の横から俯瞰した旧市街（1999年）
この旧市街も世界遺産に登録されている。

多数の甲冑や武器を集めた博物館

どちらかというと、大きな都市より小さな町、緑に包まれた村に泊まる方が好きなのであるが、大きな都市にはそれなりに見るべきスポットがあって楽しい。その一つは、よくもここまで徹底的に集めたものだな、と感服する博物館であり、グラーツの武器庫もその一つである。城山・市立公園を訪ねた日の午後、訪れた。

この武器庫は、入場料を払って見学する立場から言えば一種の博物館であるが、見せるために集めたわけではない。15世紀以来、オスマン帝国との戦いに備えて集めた甲冑・刀剣・槍・銃などが、1642～1644年に建設されたこの武器庫に収められ、いつでも使えるような状態で手入れされて、今に至っているわけである。かつての人々のオスマン帝国への恐怖感がうかがえるわけであるが、総数3万点に及ぶというさまざまな武器が、黒光りしてぎっしり並んでいるのを見るのは、少々不気味である。あまりいい気持ちではない。

（浮田典良）

武器庫の内部（1999年）
黒光りする甲冑や刀剣はいつでも使えるよう、念入りに手入れされている。映画の撮影に貸し出されることもあるという。

エッゲンベルクの館（1999年）
市街の西はずれ、1625～1635年に建てられたヨハン・エッゲンベルク大公の居館。バロック様式。庭園には孔雀が放し飼いされている。

46 ● 美しい城の光と影
リーガースブルク

キリスト教世界の牙城

　グラーツから東に向かって3kmあまり。なだらかな丘陵が続くなか、突如、山の上に巨大な城郭が姿をあらわす。のどかな農村風景になじんだ目には、いささかその物々しさに違和感すら覚える。標高482mの頂きに乗ったその堂々たる城館は、明らかに強大な権力によって造られたものである。

　リーガースブルクを知るには、この地域がつねにヨーロッパの境界地域にあった歴史を踏まえなければならない。12世紀に城の基礎が造られるが、それはこの地がドイツ人とハンガリー人、スラブ人が接触する地域であり、ドイツ人入植者による開墾が進むにつれて彼らの前線基地としての役割を担ったのが始まりとされる。ちなみに州都グラーツの名はスラブ語の小さな城（グラーデク）に由来する。また、ここから南、スロベニアとの国境の町バート・ラトカースブルクや、その南のスロベニアの都市マリボル（ドイツ語名はマールブルク）など、付近には城を示すブルクを名乗る地名が多い。多様な民族が入り混じってきた地域だからこそなのであろう。

　城は15世紀に要塞化され、ハンガリー人やオスマン帝国の脅威に備えるようになる。飛躍的な増築・拡大期は17世紀に訪れる。1648年にエリーザベト・カタリーネ・フォン・ガラーがこの城の戦略的意義に目をつけ、徹底的な拡張を行うのである。ときは西欧世界へとオスマン帝国が迫ってきた時代。1683年には第二次ウィーン包囲が行われ、

丘の上にそびえるリーガースブルク城（1999年）
浮田典良撮影。

リーガースブルク城の門（1999年）
浮田典良撮影。

● 132

キリスト教世界はイスラームの脅威におののいたが、その堅牢な普請に、「キリスト教世界最強の要塞」の評判すら立った。まさにこの城は、ヨーロッパを守る最前線に置かれていたのである。

美しい城に見えてくるもの

　リーガースブルク城はシュタイアマルク州の最東端に位置する。その東には同じオーストリア国内のブルゲンラント州が隣接しているが、そこは第一次世界大戦までハンガリーであったから、この城がある場所は歴史的にみてオーストリアの最東端ということになる。城は1822年以来、リヒテンシュタイン家の所有となり、今も往時の姿がそのままとどめられている。17世紀に由来するゴシック様式の礼拝堂や騎士の広間、領主の部屋、武器のコレクションルームがある。バロック様式のホールもすばらしく、オーストリアの伝統を垣間見ることができる。

城の一部はユースホステル（1999年）
浮田典良撮影。

国境地帯記念碑（1999年）
古代ローマ帝国以来、この地が国境地帯であり続け、多くの犠牲者を出し続けてきたことを記念する碑。城の上に置かれている。浮田典良撮影。

　ところで、この城で印象に残るのは、魔女博物館だろうか。当時の魔女裁判を再現したシーンをはじめ、牢獄や各種の拷問具などが蠟人形とともに展示されており、かなりリアルに把握できる。また、捕獲者820人、火あぶり300人という記録も残されている。魔女狩りは、キリスト教世界で16世紀から18世紀まで広い地域で行われていた。社会の変動と不安のなかで、教会権力が人々をコントロールした結果とはいえ、あまりにむごい歴史である。

（加賀美雅弘）

47 ● オーストリア野外博物館
シュトゥービンク

伝統文化を凝集した博物館

　ヨーロッパでは19世紀以降、各地にさまざまな博物館がつくられてきたが、近年、特に注目されているのが野外博物館である。野外博物館は、古い民家などの建物を移築して展示するほか、それぞれの建物でかつて営まれていた人々の暮らしや生業、あるいは技術などを保存し、それらを現代人に伝える役割も担っている。1891年に開設されたスウェーデンのスカンセン野外博物館が世界最初とされ、今や世界各地で積極的に開設されている。通常の博物館と違って、かつての暮らしを実際に再現し、今は消えてしまった暮らしのシーンを訪問者自身が直接目にすることができる。

　シュトゥービンクにあるオーストリア野外博物館は、グラーツの北15km程のところ、山間に位置する。1970年に開園し、国内各地から97の民家が移築されているヨーロッパでも最大クラスの野外博物館である。入口から西に向かって谷あいを登ってゆく途中に民家が配置されたレイアウトである。入口のすぐのあたりにブルゲンラント州、続いてニーダーエスターライヒ州、シュタイアマルク州の民家が並び、さらに坂を登ってゆくとザルツブルク州やチロル州、フォアアールベルク州の領域になる。博物館の敷地は東西に長く、東に平原、西にアルプスの山岳地というオーストリアの国土さながらの構図になっているのがおもしろい。

オーストリアの木造民家（2011年）
オーストリア国内にある多様な木造建築をみることができる。

オーストリアのログハウス（2011年）
アルプス地方のログハウスの技術は移民とともに遠く新大陸へと伝えられた。

丸太小屋で考えること

　オーストリアの民家は木造建築だが、なかでも目を引くのが丸太を使ったログハウスである。特にザルツブルク州あたりのログハウスは圧巻である。現地に同行したアメリカ地誌研究者の矢ケ﨑典隆教授によると、アメリカのログハウスのルーツはアルプスとスカンディナヴィア地方なのだそうで、それぞれの地域のログハウスの多様性がアメリカでの分布にもよく反映されているとのことだった。材質はもちろん、丸太同士を組み合わせるためのほぞの切り方なども、地域によって実に多様であるらしい。トウヒやモミの丸太をふんだんに使い、巧みに組み合わせて隙間をなくし、さらに木彫の装飾が施してある。伝統の技のなすところ、見事というしかない。

　民家が集まる「村」の中央に行くと、パン焼きや木彫、楽器製造や蹄鉄打ちなどの実演が始まったところだ。夏の日曜日に訪ねたこともあって、大勢の観光客が集まっている。かまどから立ち上るくすんだ煙が人の暮らしを髣髴させる。突如、ブラスバンドの演奏が始まり、リズムに合わせて自然に身体が揺れる。そこにいる人々の気持ちに一体感が生まれたかのようであった。まるでふつうの村にいるかのような錯覚になる。野外博物館とは、まさにそうした「体験の場」なのであろう。

　2011年現在、オーストリアだけで33もの野外博物館がある。ドイツには約150もある。日本でも近年は民家園など野外博物館が増えており、古い暮らしへの関心がリヴァイヴァルしつつある昨今、野外博物館の整備・拡充を大いに期待したい。

（加賀美雅弘）

パン焼きの実演（2011年）
女性の後ろにある窯で伝統的なパン焼きが実演されている。

窯で焼き上げられたパン（2011年）
ひまわりやカボチャの種を乗せた伝統的なパンが焼きあげられる。

演奏で農村の雰囲気を味わう（2011年）
広場で演奏するブラスバンドの音色のおかげで、本物の村にいる気分になる。

48 ● オーストリアのトスカナ地方
南シュタイアマルク・ワイン街道

オーストリア屈指のワイン産地

　シュタイアマルク州の最南端、スロベニアに近い丘陵地には一面のブドウ畑が広がる。観光客向けに「南シュタイアマルク・ワイン街道」の名で売り出している地域である。オーストリア国内のワイン生産量は2,090,834ヘクトリットル（2012年）。そのうち、シュタイアマルクでは87,860ヘクトリットルで、全国の4.2％を占める。オーストリア国内でも最も日照量が多く、気温も高い地域であり、シルラーと呼ばれる芳醇な赤ワインの産地で知られる。

　夏にここを訪れ、見晴らしのよい丘の上から広い風景を眺めてみた。なだらかな丘の斜面は、隙間なく整然と並んだブドウの木で覆い尽くされている。一面にひろがる明るい緑の葉が、その土地の豊かさを十分に物語ってくれている。畑の中には、赤茶色の屋根に護られた農家がいくつか見える。尾根伝いにくねくねと走る農道がそうした農家を結んでいる。目に入ってくるのはこれだけ。まさに風景画そのものである。ワインになることを待つブドウだけが生き物として感じられる。ここが「オーストリアのトスカナ地方」と呼ばれるのがわかる気がしてくる。

オーストリアのトスカナ地方（2011年）
なだらかな丘陵に広がるブドウ畑から、ここが豊穣なワイン産地であることがわかる。

ブドウ畑にEUを垣間見る

　しばらく行くと、クラポテツと呼ばれる木製の風車がひょっこり現れた。角材でこしらえた台座の上に、やはり角材で作られた数枚の羽が組んである。風が吹くと、角材同士がぶつかっ

クラポテツのある風景（2011年）
かつてムクドリを追い払うためにつくられたが、今やこの地方のシンボルである。

てカタカタ鳴る。ムクドリを威嚇してブドウを守るために、農家の人が考え出した伝統的な仕掛けである。構造は実に単純だし、その格好はひいき目で見ても上等とは言いがたい。ただ、この地域にしか見られないものだというので、最近はこれを目当てに来る観光客も増えているという。たしかに観光パンフレットに必ず登場する。のどかな風景だからこそ、音が出る風車に親しみが湧くのかもしれない。

スロベニアとの国境線（2011年）
道路上を走る国境線の左がオーストリア、右がスロベニア。柵も何もない。

このブドウ地帯をさらに行くと、道沿いに奇妙な標識があることに気づく。道の右側に赤と白に塗り分けられたポール、左側には黄色のポールが立っている。路上には白ペンキでOとかSLOの記載。実は、これは道路の中央を走るオーストリアとスロベニアの国境線を示している。あたりを注意深く見まわすと、国境線を示す石柱も見つかった。国境線になじみのないわれわれ日本人には、柵もない一本の道路に国境線が走る状況はなかなか実感しにくい。両国ともEU加盟国であり、国境を越えた人の移動が自由化しているから不思議ではないが、ついカメラのシャッターを何度も押してしまう。

スロベニアのホップ栽培（2011年）
スロベニア側に広がるホップ畑。良質なビールの原料になる。

ちなみに、国境線を越えてスロベニア側をしばらく行くと、ブドウ畑は姿を消し、代わって目立ってくるのがホップ畑。ビールの原料である。つまりワイン地域の南にビール地域が広がっている。常識的には逆である。その理由は何か。オーストリアでは、国内最南端のシュタイアマルクでワインが生産され、国内で最高のワイン生産地域になっている。一方、スロベニアでは、ワインは南部の地中海沿岸が産地。オーストリアに近い北の地域は、スロベニア国内でみればワインには「向かない」のである。それぞれの国内の事情の違いが、国境線を挟んだ農業の違いに見事に反映されているのがおもしろい。

（加賀美雅弘）

49 ケルンテン州

● イタリアとスロベニアに接する州

夏の観光・保養客でにぎわう

　オーストリアの南部にあるケルンテン州は、面積9,533km²で九つの州のうち第5位、人口は55.8万（2012年）で第6位である。

　南側はイタリアとスロベニアに接し、国境には南アルプスに属するカルニッシェ・アルプスとカラヴァンケン山地が東西に連なっている（高さは西部で2500m程度、東へ向かうにつれ低くなる）。北西部にはオーストリアのアルプスのうち最も険しいホーエ・タウエルン山地が東西に走り、オーストリアの最高峰グロースグロックナー（3798m）はこの州の北西端、チロル州との境界にそびえる。

　州全体がドラウ川（ドナウ川の支流）の流域に属し、ドラウ川は州の南部を西から東に流れる。クラーゲンフルト盆地はこの川の沿岸に東西に細長く延び、州都クラーゲンフルトやフィラッハなど、州内の主な都市はこの盆地にある。

　また盆地には、今から1万数千年前までの更新世最終氷期に、山地から延びてきた氷河に削られてできたヴェルター湖のような氷河湖が多数あり、湖畔は特に夏の観光・保養客でにぎわう。来訪観光客数（延べ宿泊者数）を州別にみると、チロル州、ザルツブルク州に次いで第3位を占める。

　州南東部、スロベニアとの国境に近い地域には、スロベニア語を話す住民が多く住

フィラッハ付近のドラウ川（1999年）

ヴォルフスベルクの製紙工場（1999年）

急峻な岩山にあるホッホオスターヴィッツ城（1999年）
平地からの比高は約160m。

ケルンテン州　　　　　　　　　　　　　　　　　　　　　　　　　　藤塚吉浩作成

み、道路標識などがドイツ語とスロベニア語の両方で書かれている地域がある。

岩山の上にそびえるホッホオスターヴィッツ城

　マリア・ザールとフリーザッハのほぼ中間、そそり立つ岩山の上に築かれたホッホ・オスターヴィッツ城は、ケルンテン地方の総督ゲオルク・ケーフェンヒュラーによって1570年から1586年にかけて建設された堅固な城塞で、鉄道の車窓からもよく見える。麓から徒歩で往復に1時間かかるが、駐車場のすぐ横から岩の斜面上を斜めに架されたエレベーター（定員9人）が1994年にできており、それを利用すればごく手軽に登れる。

　これはありがたい、とわれわれは40シリング払ってさっそく乗り込んだ。驚いたことに、そういう客はごく

斜めのエレベーター（1999年）

一部で、たいていの人は城への急な坂道をゆっくりした足取りで登ってゆく。せっかく「難攻不落」な城を訪れたのに、エレベーターに乗ってしまっては台無し、というわけであろう。40シリングが惜しいわけではあるまい。

　日本人は観光に出かけても、とかく「能率」と「省力化」を求めてしまう。京都・滋賀の比叡山も神戸の六甲山も、ケーブルができると歩いて登る道がさびれ、ドライヴウェイが通じたらケーブルは閑古鳥である。せっかく山に登るのだから、一歩一歩踏みしめながら登るのが一番まともで贅沢な登り方なのだろうとは思うが。

（浮田典良）

50 大きな広場がある州都
クラーゲンフルト

町の中心にあるノイアー広場

　クラーゲンフルトはケルンテン州の州都である。人口94,182（2012年）。オーストリアでは6番目に多い。

　1963年秋から2年間ドイツに留学していた私は、1965年8月、イタリアのミラノに居た弟を訪ね、弟の車で当時のユーゴスラビアからオーストリアへドライブ旅行をしたことがあった。スロベニアから山を越えて最初に訪れたオーストリアの町がこのクラーゲンフルト。やけに広い四辺形のノイアー広場が印象に残った。

　2000年8月、クラーゲンフルトを訪ねたわれわれは、このノイアー広場に近いホテルを選んで投宿した。広場には伝説の竜の像が建ち、観光客がしきりにカメラを向けていた。35年前にもこの像はあったが、あまり人影がなく、だだっ広い広場という印象だけだった。今は多くの観光客でにぎわい、まわりの道路では自動車がひっきりなしに行き交っていた。日本でもそうだが、近年は、至るところで観光客の増加がめざましい。

　この竜は町のシンボルになっており、観光案内所の出しているパンフレット類には、すべて竜のマークが載っている。広場の西側には市庁舎、北には1590年にできたルネサンス様式の州庁舎がある。

ノイアー広場（2000年）
「リントヴルム」という伝説の竜とそれに立ち向かうヘラクレス（1590年制作）。

ベネディクティーナー広場に立つ「市」

　ホテルのすぐ横のベネディクティーナー広場という、あまり広くない広場では、毎週木曜午前と土曜午前に「市」が立つ。投宿したのが水曜だったので、翌日午前、この「市」を見て歩くことができた。パ

ベネディクティーナー広場の「市」（2000年）
手前のツヴェチュケ（スモモ）は8月がシーズン。

ン、野菜、果物、肉、ハム、ソーセージ、魚など、あらゆる生鮮食料品に花（切り花・苗）と、数多の露店がひしめき、買い物客でにぎわっていた。庶民生活の一端が実感できるので、機会があれば「市」をのぞいているが、観光客を対象としたものではないから、観光ガイドブックの類には載っていない。水曜の晩に泊まったので見学できた。こういうラッキーな出合いが、旅の大きな楽しみである。

ケルンテン州の州庁舎（2000年）
665枚の貴族の紋章が飾られた大広間がある。

レント運河の遊覧船

　クラーゲンフルトの市街から西のヴェルター湖まで約4kmあるが、この間を結ぶレント運河を遊覧船が往復しているというので、出かけてみた。これも観光ガイドブックには載っておらず、ホテルのフロントに置いてあったチラシで知ったのである。チラシによれば、レント運河は1527年にクラーゲンフルトの市街を取り巻く濠の水と防火用水の確保のために掘削されたのが始まりで、1588年に拡幅・浚渫されて舟運が可能となり、木材や魚などの運搬に用いられた。1853年には蒸気船が登場して定期的な旅客輸送も始まり、1939年には中絶したが、1987年、48年ぶりに復活。1995年からは電動モーター船が登場したとある。所要片道55分、1日3往復（夏以外は2往復）。中心市街西はずれの運河の終点を12時50分に出る便に乗り、13時45分ヴェルター湖畔に着いた。そして15分後に出る便で戻った。電動モーターなので排ガスも騒音もない。運河沿いの道は、緑あふれる歩行者・自転車専用路になっていて、サイクリングの人々が船をすいすい追い抜いて行く。船は定員30人程度と見受けたが、乗客は往きは9人、帰りは14人だった。

遊覧船から見た運河（2000年）

　旅に出ると、訪ねた先を精勤に歩き回ってくたびれるが、遊覧船に乗ると歩かなくていいから休息になる。歴史的遺産である運河を、いま再び積極的に「観光」に活用している点もいい。琵琶湖と京都の間の水運や上水道・灌漑・発電用水のため、1890年に開通した琵琶湖疏水に電動モーター船を就航させたらおもしろいのではないか。そんな思いを巡らせながら、往復2時間の船旅をのんびり楽しんだ。

（浮田典良）

51 楽しいミニチュア公園とマーラーの作曲小屋
ミニムンドゥス

ミニチュア公園ミニムンドゥス

　レント運河の遊覧船が終点のヴェルター湖に着く少し手前、運河の北側に、ミニムンドゥスというミニチュア公園がある。面積2.6ha、1958年開園、世界各地の著名な建造物を25分の1のサイズで忠実に再現したミニチュアが展示されている。1999年現在、並んでいるのは53カ国の171に及ぶ建造物。たとえばアテネのパルテノン神殿、ローマのサン・ピエトロ大寺院、ウィーンのシュテファン大寺院とベルヴェデーレ宮殿、ロンドン塔とビッグベン、インドのタージ・マハル、中国の万里の長城、パリの凱旋門とエッフェル塔、ワシントンD.C.のホワイトハウス、シドニーのオペラハウスなど、世界の名だたる建造物のミニチュアが並んでいる。

　感心することの第一は、どれもたいへんな手間と費用をかけていることで、解説書によれば、サン・ピエトロ大寺院の場合、完成に7年、延べ40,000時間、1000万シリングを費やした由。1個につき平均100万～200万シリングかかっているとのことである。

　第二は、毎年新しいミニチュアを次々に造り足していることで、トロントのCNタワーは1998年の完成。またごく新しい建造物のミニチュアもあり、たとえばフンデルトヴァッサーのデザインにより1988年に改築されたベルンバッハの教会のミニチュアも並んでいる。毎年40万人

ミニムンドゥスのピサの斜塔（1999年）
斜塔とドゥオモと受洗教会の三つの位置関係もオリジナル通り。

ミニムンドゥスの平等院（1999年）
1994年完成。2年かかったという。日本のものとしてほかに大阪城がある。

の入場者というのもうなずける。

証明するものを示さなくても高齢者割引

　ミニムンドゥスの入場料は、大人120シリング、子ども40シリングのほか、高齢者と学生は90シリングとあったので、窓口で「高齢者2枚」と言ったら、こちらの顔をチラリと見ただけで、何も言わずに高齢者用入場券を差し出してくれた。日本だとそうはいかない。拙宅に近い京都府立植物園は60歳以上（現在は70歳以上）が無料であるが、年齢のわかる公的証明を示さねばならず、持っていないと、たとえ杖をついた85歳の老婦人でも入場料200円を払わされる。そういう点、日本の係員は、ひたすら規則に忠実である。向こうは、窓口の係が客の言うことを信用し、または当局が窓口の係の年齢識別能力を信用しているのだろう。当事者（高齢者）としてはもちろん後者の方が気持ちがいい。

ミニムンドゥスのエッフェル塔とCNタワー（1999年）
最も高いトロントのCNタワーは高さ22.13m、重さ19.5t、三つのクレーンを使って造ったという。

グスタフ・マーラーの作曲小屋

　クラーゲンフルトに近い観光スポットの一つにマーラーの「作曲小屋」がある。グスタフ・マーラー（1860～1911年）という作曲家は、外界の音にたいへん神経質だったようで、ウィーン国立歌劇場の指揮者を務めていた時、1900年から1907年まで、夏の歌劇場の休みにはこの小屋に籠もって作曲に勤しんだ。交響曲第4番の終わりの部分や第5番～第8番はここで作曲されたという。

マーラーの「作曲小屋」（1999年）
中にはマーラーゆかりの品が展示され、マーラーの交響曲のCDが静かに流されていた。

　5月から10月まで小屋が公開されているというので行ってみた。ヴェルター湖南岸のマイヤーニックから標識をたよりに林の中を分け入ること15分ばかり、鬱蒼とした林の中に簡素な小屋がポツンと建っている。広さ10坪ほど。日本人の訪問客は珍しいのであろうか、中年の管理人が親切に説明してくれた。　　　　　　　（浮田典良）

52 ● 水上スポーツでにぎわう湖
ヴェルター湖

夏には表層水の水温が高くなる

　ケルンテン州の州都クラーゲンフルトの西にあるヴェルター湖は、州最大の湖で、東西の長さ約16km、南北の幅1〜1.5km、面積19.3km^2。

　オーストリアの主な湖は、東端のハンガリー国境にあるノイジードラー湖を除けばすべて、今から1万数千年前までの更新世最終氷期に、氷河が山地から伸びてきて削った窪地に水が溜まった湖で、谷に沿って細長く伸び、かなり深い。このヴェルター湖も最深86mに達する。

　ところが深さ5mないし10mまでの表層水は、夏、太陽光線で熱せられて水温が上がる。それは湖に流れ込む川がほとんど無くて、水があまり入れ替わらないからである。高い山地から流れ込む川があると、春先に雪解け水がどっと流れて来るが、ここではそれがない。また風や波も少ないので、湖の表層水があまりかき混ぜられたりしない。

湖の東端桟橋での遊覧船（2000年）
湖畔の町に寄港しつつ西端フェルデンまで1時間45分、夏には1日8往復。

水温を測定してみたら

　ドイツの観光案内書ベデカやフランスのミシュランには、水温が夏には24℃にまで上がると書いてあったので、2000年8月、クラーゲンフルトの船着き場付近で計ってみたら、23℃であった。その時の気温は25℃だったから、2℃しか違わない。なお、この数日後にザルツカンマーグートのハ

水泳を楽しむ人々を遊覧船から見る（2000年）

● 144

ルシュテッター湖（124頁）で計ってみたら、13℃しかなった（気温は28℃もあったのに）。ハルシュタットの町の東はずれで南から流れ込む川の水温はわずか7℃で、若者2人がそこでビールを冷やしていた。

さかんな水上スポーツ

夏の水温が高くなるので、水上スポーツに向いている。ボート、ヨットや水泳のほか、ウィンドサーフィン、水上スキーなど、さまざまな水上スポーツがさかんで、それらを楽しめる施設が整っている。夏の観光客数は全般に、ザルツカンマーグートの湖畔よりケルンテン州の湖畔の方が多いのはそのためである。クラーゲンフルトの東にあるクロパイナー湖などは、面積が狭く水温がより高くなるのか、夏には各種水上スポーツ客で大にぎわいだという。

湖畔の保養客（2000年）
マリア・ヴェルトのホテルのテラスより望む。

フェルデン

ヴェルター湖の西端部に、フェルデンという古い保養地がある。湖岸の黄色いルネッサンス様式（正面入口は初期バロック）の城館は、1590年から1603年にかけて建てられ、1893年の火災のあと元通りに再建されたもの。湖岸には多くのエレガントな高級ホテルが並んでいる。しかし、オーストリア政府の観光統計を見ると、1961年から1997年の間に宿泊客は3割も減っている。

フェルデンの城館（2000年）
1893年の火災の後、創建（1590-1603）当時の姿に再建された。今はホテル。

そう思ってみると、新しいホテルは見かけないし、若者の数も少ない。若者の好みそうな水上スポーツの施設がないからであろう。高齢者にはこういうところの方がかえって落ち着けるかもしれない。

（浮田典良）

● ヴェルター湖南岸の保養地
53 マリア・ヴェルト

眺望のよい湖岸のホテル

　ヴェルター湖の東端クラーゲンフルトと西端フェルデンを結ぶ幹線道路（国道83号）や鉄道は湖の北岸を通じており、主な湖岸保養地は北岸に多いが、国道が完全に湖岸を通じている部分はごくわずかしかない。湖の眺望を楽しみながらドライブしようと思えば、南岸の道を行く方がよい。

　1999年の夏、レンタカーでこの地を訪れたわれわれは、南岸のほぼ中間地点にある保養地マリア・ヴェルトで3泊した。通常は2つ星か3つ星ホテルを使うが、こういう保養地では眺望のよい4つ星ホテルを奮発しようと思って、午後3時に現地に着き、インフォーメーションを訪ねて、六つある4つ星ホテルのうち、その晩から3泊、眺望のよい部屋が空いているホテルを探してもらった。

　ゼーホテル・ヴェルトというそのホテルは湖に接した高台にあり、3階東端のわれわれの部屋は眺望絶佳。部屋のテラスから、湖岸には専用ビーチもある。目の前には湖岸に突き出した小さな半島があって、そこに二つの教会が建っている。大きな方の教会は後期ゴシック様式の教区教会、手前の小さな教会は「冬の教会」と呼ばれる12世紀の教会で、内部にロマネスク様式のフレスコ画が見られる。

　夕食・朝食の2食つき1人1,300シリングもするが、日本に比べれば高くない。3泊しただけであったが、フロントで聞いてみると、1～2週間滞在が普通らしい。夕食のメニューは毎晩違っていた。

宿泊したゼーホテル・ヴェルト（1999年）
部屋のテラスからヴェルター湖を一望のもとに収めることができる。

ホテルのテラスから望んだ半島上の教会（1999年）
内部の祭壇は豪華な彫像で飾られている。

山頂の展望塔ピラミーデンコーゲル

　マリア・ヴェルトの背後（南側）、標高851mの山頂にピラミーデンコーゲルという展望塔がある。湖の標高は440mだから、山頂までの比高は411m。歩けば90分とあったが、地図を見ると南側に自動車道もついているので無理せずに車で上って、さらに高さ54mの展望塔までエレベーターで上がった。「ケルンテン州で最も眺望の優れた展望塔」とパンフレットにある通り、北側の眼下にはヴェルター湖、その東端にはクラーゲンフルトの町、南側にはスロベニアとの国境をなすカラヴァンケン山地など、360度の眺望を楽しむことができた。

　展望塔は家族連れ、子ども連れでにぎわっていたが、飛び交っている言葉はイタリア語が目立った。8月中旬はイタリアのバカンスのピークであり、ここケルンテン州はイタリアに近いからである。

ピラミーデンコーゲルから望んだヴェルター湖（1999年）
右手、湖の突き当たりにはクラーゲンフルト、左手前にはマリア・ヴェルトの半島の教会が見える。

聖母被昇天の日の船渡御

　マリア・ヴェルト滞在3日目の8月15日は聖母被昇天の祝日で、日中は半島の付け根の小さな広場で、手工芸品や玩具・菓子などの露店が開かれていた。夕方からは聖母マリアの像がクラーゲンフルトから船に乗せられて、西端のフェルデンまで渡る。それがホテルのテラスからもよく見えた。その後引き返して22時45分頃にマリア・ヴェルトの港に着き、そこで儀式が行われる。神父さんがおごそかに何かを告げ、10分ほどで儀式は終わった。そのあと湖岸から数十発の花火が打ち上げられた。

子どもの吹奏楽団が日本の曲を演奏

　聖母被昇天の儀式の前に、船着き場で20時30分頃から「マグダーレンスベルク民族衣装バンド」の演奏が開かれる、とホテルの掲示にあったので、早めに船着き場まで行った。マグダーレンスベルクというのはクラーゲンフルトの北東10kmばかりの町で、そこから来た子どもたちの吹奏楽団であったが、「中国地方の子守歌」や「お江戸日本橋」が演奏されて驚いた。指揮者は日本人らしい。休憩中に日本語で声を掛けたら向こうもびっくりしていた。30歳代の男性で、音楽の修業に来て、こういう子どものバンドの指導を頼まれているとのこと。「マリアの船が着くまでの場つなぎです」とのことだが、世界各地で日本人が活躍しているのに改めて驚いた。

（浮田典良）

54 ● アグリツーリズム体験
トレポラッハ村

「農家での休暇」連盟

　1999年8月、レンタカーでケルンテン州をまわったとき、数日間はぜひ、農家民宿で滞在したいと思い、出立前に東京のオーストリア政府観光局からケルンテン州の「農家での休暇」のカタログを送ってもらった。オールカラー、72頁の立派なカタログである。ケルンテン州で民宿を営んでいる農家は約3,300戸（全農家の約2割）、そのうち厳正な審査にパスして州の「農家での休暇」連盟に登録されている421戸が、このカタログに載っている。農村で休暇を過ごすアグリツーリズムである。

　連盟は顧客への宿泊斡旋もしてくれる。8月16日の朝、クラーゲンフルトにある「農家での休暇」連盟の事務所を訪ね、その日の晩から3泊、州の南西部で、という希望を述べて斡旋をお願いした。いささか無理な注文であったが、日本でカタログを入手し、それに付箋をたくさん付けて持参したのを見て、何とかしてやろうと思ってくれたのであろう。2人の女性職員が手分けして、片っ端から電話してくれた。20回目あたりでやっとOK。予約できた農家はクラーゲンフルトから西へ80km、トレポラッハという村のツェルツァ家。道順をメモして渡してくれた。

ツェルツァ家の民宿経営

　トレポラッハ村のツェルツァ家へ着いたのは午後2時過ぎ。待ち受けていた奥さんがさっそく2階の部屋へ案内してくれた。清潔そのもので嬉しい。ほかにも客室があり、合わせて3組の客が泊まれる。

　ツェルツァ家は50歳前後のご夫婦と13歳の娘さん。経営地は山林10ha、農

泊まった部屋（1999年）
ベッドのほか小さな椅子、テーブル、シャワー・トイレ、さらにテレビまである。

ロバに興ずる親子とツェルツァ家の主人（右）（1999年）

地5.5ha、牛5頭、豚4頭。農家として大きくはない。客はドイツ人が最も多く日本人はわれわれが初めてとのこと。滞在は通常1～2週間。子ども連れが多いという。

　庭を散歩してみると、ヤギ、ウサギ、ニワトリがそれぞれ囲いの中で飼われ、ロバも1頭。ブランコ、ピンポン台、子ども用プールがある。車で出かけていた相客が帰ってきた。ドイツのシュトゥットガルトからの夫婦（10歳くらいの娘さんが1人）とミュンヘンからの夫婦（3～7歳の娘さんが3人）。ミュンヘンの末娘さんがロバに乗りたいと言い出し、その父親と農家の主人がその子どもを乗せてあたりを一周。残りの子どもたちは、13歳の農家の娘さんが「私の担当だ」と言わんばかりの甲斐甲斐しさで遊ばせていた。トレポラッハは100戸ばかりの村であるが、レストラン（兼ペンション）が2軒あり、夕食はその一つで済ませた。

　翌朝8時階下の食堂で朝食。コーヒー、パン、バター、ジャムのほかハム、ソーセージ、チーズ、半熟卵と蜂蜜。それらの多くは自家製らしい。

朝食の食卓（1999年）

皆で夕食に（1999年）

農家経営のレストランへ皆で夕食に

　3日目の晩、10kmばかり西の農家経営レストランまで、皆で夕食に行こうということになって、ツェルツァさん一家と客3家族が車3台に分乗して出かけた。ツェルツァさんの奥さんは革製のしゃれた民族衣装に着替え、とてもよく似合っていた。食事が一通り終わり、農家の娘さんが子どもたち4人を引き連れて外へ遊びに出ると、親たちだけになったが、話が弾むよう、奥さんの気配りは見事だった。会話の内容がよくわからないわれわれに対して、時々わかりやすいドイツ語で簡単に解説してくれ、われわれの方へ会話を向けてくれたのも奥さんであった。

　4日目の朝、出立前に支払った宿泊代は、1人1泊朝食込みで232シリング、2人3泊で1,392シリング。1999年夏の1シリングはほぼ9.2円だったから、1人1泊2,100円。今後も大いに愛用したいと思った。安いこともちろん魅力であるが、溢れんばかりの緑と温かい心のふれあいが嬉しいからである。

（浮田典良）

55 ● ケルンテン州に残る古い史跡
マリア・ザールとフリーザッハ

ローマ時代のレリーフがあるマリア・ザールの巡礼教会

　クラーゲンフルトの北北東約7km、マリア・ザールという村には、ケルンテン州で最も古く、8世紀半ばから記録が残っている巡礼教会がある。現在の建物は15世紀半ばに建てられたゴシック様式であるが、南側の外壁に、ローマ時代の2頭立ての郵便馬車や、死者を引きずるアキレスの勝利の図のレリーフがはめ込まれている。内部の祭壇やフレスコ画、1735年に造られたバロック式オルガンなど、見るべきものが多い。

　再び外へ出て、外壁のレリーフを写真に撮った。レリーフだけだと大きさがわからないから、窓や人物も入れて、と苦労しているうちに、どやどやと20人ばかり、着飾った一団がやってきて、教会の中に入った。中心には赤ん坊を抱いた若夫婦がいるから、恐らく洗礼の式であろう。考えてみれば当然のことかもしれないが、古い教会は単なる観光スポットではなく、地元の人々の日常生活のなかで生きて機能しているのである。

マリア・ザールの巡礼教会（1999年）
9世紀にこの地方でキリスト教を復興する中心となった。

巡礼教会の内部（1999年）
主祭壇には聖母マリアの像（1425年制作）。

巡礼教会の外壁のレリーフ（1999年）

● 150

「市壁」の外側に「濠」も残るフリーザッハ

　1999年8月、10日ばかりケルンテン州をレンタカーでまわりたいので、いくつかの町の案内パンフレットの送付を東京のオーストリア政府観光局に頼んだら、ぜひここも訪れてご覧なさい、と勧めてくれた町の一つが、クラーゲンフルトの北方約35kmのフリーザッハであった。人口5,189（2012年）、ウィーンとクラーゲンフルトを結ぶ幹線鉄道に沿い、特急列車（IC）も停車する。町の記録は860年にさかのぼり、ケルンテン州で最も古い都市の一つであるという。かつてウィーンから地中海に至る街道の要衝であった。

　町の西側は険しい山地に接しているが、東側には長さ820mにわたって石で築かれた「市壁」があり、その外側には今も「濠」が水を湛えている。中世の「市壁」が今でも残っている町は少なくないが、その外側の濠に今も水をが湛えられているというのは珍しい。ドイツ語圏ではこのフリーザッハだけ、とミシュランのガイドブックにはある。

　「市壁」は高さ約11m、厚さ約1.5m、そして「濠」は幅約15m。その外側に沿って一巡してみた。静かで落ち着いたいい町だが、観光客らしい

フリーザッハの市壁（1999年）

フリーザッハの市壁と外の濠（1999年）

人影はまったく見かけなかった。町の中心の広場もひっそりしている。観光客は多すぎてもいやだが、少なすぎると、レストランで相客が皆無のときと同様、自分自身に違和感みたいなものを感じてしまって、あまり嬉しくない。広場に面する観光案内所に置いてあったパンフレットによると、2001年4月28日から10月28日まで「中世の都市」と題するケルンテン州の展覧会がここを会場に開かれるという。そういう時期に訪れたら、きっとにぎやかであろう。　　　　　　　　　　　　　　（浮田典良）

56 ● スキーができる温泉村
バート・クラインキルヒハイム

近年急速に発展した観光・保養地

　日本の観光・保養地について最近約20年間におけるホテル・旅館の収容人数の増減を調べてみたことがあるが、大いに増えたところの一つは、志賀高原や大町のように、スキーができ、温泉も湧くところであった。

　オーストリアにもそういうところがある。ケルンテン州のちょうど中央部、ミルシュテッター湖東方の山間部にあるバート・クラインキルヒハイムは、その代表例だ。観光統計によると、1961年の延べ宿泊者数は72,600人に過ぎなかったが、1997年には927,800人（オーストリア第14位）へと、12.8倍に増えている。こんな増え方をしたところはほかに例が少ない。季節別にみると、冬半年（11～4月）の宿泊者数が58％を占めており、スキーを兼ねた保養・遊覧客が多いことがわかる。

　ミルシュテッター湖に注ぐリーガーバッハ川のそのまた支流ティーフェンバッハ川の峡谷を遡ると、やがて小さなU字谷が開ける。U字谷特有のかなり広い谷底は標高1100m、その両側の斜面が冬には格好のスキーゲレンデとなるようで、幾筋もの滑降コースが設けられ、多くのロープウェイやリフトが高所へ向かって架設されている。地図を見ると、コースの最も高い部分は標高2000mに達する。谷底にはバート・クラインキルヒハイム村に属するいくつかの集落が連なっているが、そこに二つの温泉プールがあり、それぞれ大きな屋内・屋外プールや子ども用プールのほか、温泉を用いた医療施設も整備されている。

村の中心部を俯瞰（1999年）
中央に見えるのは温泉プール。室内プールと屋外プールとがある。

　ここを訪ねたのは1999年8月のことであるが、冬の方が宿泊客が多い村は夏には空いているはずだと思って、予約せずに村へ着き、数多のホテル・ペンションのなかから、温泉プールに近くて（歩いて行けて）、しかも温泉プール前の道路からは多少離れて静かそうなペンションを選び、3泊した。3晩とも他の泊まり客はなかった。

　オーストリアのペンションは原則として朝食つきで（夕食はつかない）、正確には「朝食ペンション」という呼びかたをする。

イギリスのB&B（ベッド・アンド・ブレックファースト）に相当する。われわれが泊まることになったので、おかみさんはさっそく、買い物籠を下げてスーパーへ出かけた。たぶん朝食用のハムやチーズなどを買いに行ったのだろう。

楽しい工夫をこらした温泉プール

　バート・タッツマンスドルフ（72頁）や、バート・ハル（102頁）などと違って、ここは療養客より健康な遊覧客が圧倒的なので、温泉プールには、その壁面や底から強く温泉が噴射する箇所や、滝のように落ちる湯で肩を打たせるコーナー、さらには鐘の合図とともに円形の水槽の中を湯が一定の方向にくるくる回る仕掛けなど、いろいろ工夫がこらされていて楽しい。屋外プールには滑り台もある。

　8月はイタリアの集中的バカンスシーズンだったせいか、イタリア人の家族連れがかなり目立った。イタリア人の子どもは人なつっこくて、われわれを見て言葉が通じないとわかるはずだが、プールの中でニコニコ近づいてきて、自分の鼻を指さしながら「イタリアーノ」（イタリア人です）と自己紹介してくれた男の子がいた。

多くのトレッキング・コース

　療養客の多い温泉では、町の中心に近い便利なところに大きな保養公園（クアパーク）があって、人々がゆっくり散策を楽しんでいるが、ここではそんなものはなく、代わりに山の斜面にさまざまなトレッキング・コースが設けられている。急傾斜のコースを高所へ向かい尾根を回る健脚向きもあれば、村の背後の斜面をあまり起伏なしにたどる家族向き、高齢者向きもあって、観光案内所でくれる1万分の1の地図には、それらが色別に示されている。ロープウェイとリフトのうち2本は夏でも運行し、それで登ってその終点から歩いてもいい。

夏も運行しているリフト（1999年）
谷の斜面のリフトは主にスキー客用だが、そのいくつかは夏にも運行し、ハイカーを運んでいる。

　われわれもかつてはよくロープウェイやリフトの終点から歩いて下りたが、加齢とともに、坂を下るのが膝にこたえるようになったので、近年はもっぱら水平な山腹コースを歩くことにしている。滞在中は2日間、たっぷりそれを楽しんだ。霧が出ても迷ったりしないよう、コースの途中や分岐点には、まめに道標が立っており、また道ばたの岩や立木にペンキで印がつけてある。村はずれにはゴルフコースやサッカー場もあり、屋外・屋内のテニスコートもある。

（浮田典良）

● 高峻なアルプスの山地に広がる州

57 チロル州

多くの観光・保養地

　オーストリア西部のTirolは「ティロール」と仮名書きするのが最も現地音に近いが、日本では通常「チロル」と表記しているので、ここでもそうする。

　チロル州は、面積12,647km^{2}で、オーストリアの九つの州のうち第3位であるが、人口は70.7万（2012年）で第5位、1km^{2}当たりの人口密度は55.9人で、最下位である。それはチロル州が大部分高峻なアルプスの山地で占められているからで、農用地の比率10.2％というのも最低である。

　それだけに、夏の登山・ハイキング、冬のスキーに適した観光・保養地が多く、来訪客数は、その実数においても延べ宿泊数においても圧倒的な第1位で、実数では全国の27.4％、延べ宿泊数では33.8％を占めている（2012年）。

　第一次世界大戦までのチロルは、中央アルプスの分水嶺を越えた南側にも伸びていた。大戦後の講和会議で、国境はす

ピッツエクスプレス（2000年）
1983年12月に開業した地下ケーブルカー。トンネル長は3693m、山麓起点は1720m、頂上終点は2840m。

標高3768mのヴィルト・シュピッツェ（2000年）

ドルフ・チロルの中心部（1998年）
ドルフ・チロルはチロル村の意味。南チロルはイタリアのなかのドイツ語地域。

チロル州　　　　　　　　　　　　図中に記した南チロルの地名はドイツ語名である。藤塚吉浩作成

べからく自然国境たるべし、というイタリア側の主張が通って、イタリアに割譲されたのである（サンジェルマン条約）。オーストリア側で「南チロル」と呼び、イタリア側で「アルト・アディジェ」と呼ぶこの地方は、住民の多くがドイツ語を用い、イタリアにおける少数民族となっている。

なお、チロルの南半分のうちの東部、分水嶺を越えてドナウ川の支流ドラウ川の流域に属する部分はオーストリア領として残り、「東チロル」と呼ばれている。この部分の面積は2,020km^{2}で、州の16％にあたる。

（浮田典良）

ドイツ語とイタリア語で表示されるドルフ・チロル中心部の案内表示板（1999年）

58 インスブルック
● イン川に沿うチロルの州都

二度の冬季オリンピック

　私が初めてヨーロッパを訪れたのは、1963年秋のことである。西ドイツ（当時）のアレキサンダー・フォン・フンボルト財団の研究奨学生として2年間ドイツに滞在したのであるが、そのはじめの4カ月間、ミュンヘンから南へ鉄道で約1時間のムルナウという町のゲーテ・インスティトゥートで、ドイツ語の講習を受けた。

　ムルナウからさらに列車で1時間行くとオーストリアとの国境に達し、さらに1時間でインスブルックなので、週末を利用して、インスブルックを二度訪ねた。私にとって最初に訪れたオーストリアの町である。

　翌1964年2月に迫った冬季オリンピックの準備で、町はにぎわっていた。その12年後、1976年にもここで冬季オリンピックが開催された。

イン川の流れ

　最初に訪れた時の印象がすばらしかったので、その後もこのインスブルックにはたびたび足を運んでいる。もう10回以上になるであろう。

　人口119,860（2012年）。インスブルックというのは「イン川の橋」という意味である。地中海岸のヴェネツィアからブレンナー峠を越えてきた街道がここでイン川と交差し、さらに北へ向かってドイツのアウクスブルクを経て、遠くバルト海岸に至るわけである。ということを読んだ私は、インスブルックが東西の河川水運と南北の街道交通の交点だったに違いない、と想像していた。ところが実際に訪れて想像が間違いだったことがわかった。

　冬にはインスブルックでのイン川はほとんど水が流れていない。上流での降水はほとんど雪のかたちで降ってそれが融けないからである。イン川の川面もかなりの部分が結氷していた。一方、夏には雪や氷河が融けた水が奔流をなして流れている。ドナウ川の本流のように、川船で物資を運ぶといったこと

イン川とインスブルック中心街（2000年）
着陸前の機内から、浮田典良撮影。

はまったく不可能なのである。
　夏の奔流は、上流山地で氷河が融けた水が流れ、灰色で「氷河乳」と呼ばれる。そして水温が低い。イン川に架かる橋の中央まで行くと、夏の好天の昼下がりでも、そこだけ空気がひやりとしていて気持ちがいい。

イン川とイン橋（2010年）
7月末には流量がかなり多い。右の尖塔は「市の塔」。呉羽正昭撮影。

黄金の小屋根

　近年は、誰かを案内して訪れることが多い。まずは「黄金の小屋根」であるが、どんなものか、ガイドブックにはたいてい写真入りで載っているから、ここではもう触れない。記念の写真を撮ったら、そのあとぜひ、と勧めることにしているのは「市の塔」へ登ることである。エレベーターがなくてややくたびれるが、上からの眺めがいい。遠くの山々もいいが、まわりの建物の屋根の上がどうなっているのか、降った雨がどういう風に樋に集まるのか、見るのがおもしろい。

（浮田典良）

黄金の小屋根（2001年）
浮田典良撮影。

大学町インスブルック

　ここにはインスブルック大学、同医科大学ほか複数の大学が立地するが、その学生数は合計で3万人を超え、その規模は市の人口の4分の1に匹敵する。インスブルック大学は総合大学で、1669年に皇帝レオポルト1世によって設立され、かつては、旧市街の東の大学通りに本部が置かれていた。現在は、中央駅の真西約1kmのイン川沿いに本部があるが、数カ所にキャンパスが分散している。

（呉羽正昭）

新設されたインスブルック大学経済学部の建物（2010年）
旧大学本部に近い。背後はノルトケッテ。呉羽正昭撮影。

59 ● 山に囲まれた都市観光地インスブルック
ノルトケッテ

市街地の散策—インスブルック中央駅から黄金の小屋根へ

　インスブルック駅は最近新しくなった。駅を背に左手を西にしばらく行くと、凱旋門がある。パリの凱旋門を二まわりも小さくしたような規模で、マリア・テレージアの子息で神聖ローマ帝国の皇帝レオポルト2世の結婚を記念し、1765年に建設された。凱旋門から今度は北に向かい、左手の教会を過ぎると、目の前に聖アンナ記念柱が現れ、その奥には標高2500m級のノルトケッテの山並みが姿を見せる。また、通りの両側の建物装飾も楽しめる。このあたり、マリア・テレージア通りの北部一帯は、中心商業地区でもある。右手にあるカウフハウス・チロルは、市街地で唯一のデパートで、洗練された商業ビルである。左手には市役所のリニューアルに合わせて、モダンなアーケード街が整備された。

　さらにマリア・テレージア通りを北に進みブルクグラーベン通りを横切ると、旧市街に入る。右手には、チロル州ヴァッテンスに本拠をもつクリスタルガラス会社のスワロフスキーの店舗がある。

　旧市街には、旧王宮、聖ヤコブ教会、市の塔のほか、飲食店、土産品店、ホテル、商店などが軒を連ねている。黄金の小屋根に至る道路の両側にはラウベンガングと呼ばれるアーケードがある。小屋根に向かうとラッパ状の広場になり、12月には巨大なクリスマスツリーが立てられ、クリスマスマーケットの場となる。

インスブルックの凱旋門（2001年）
浮田典良撮影。

マリア・テレージア通りから見たノルトケッテ（2010年）
石灰岩質による灰色、草地の淡緑色、森林の濃緑色のコントラストがすばらしい。

158

そこから西に向かうとイン橋に、逆に東に向かうと旧王宮への入口を経て城門をくぐり、王宮附属教会に出る。旧市街には狭い街路もあって、中世の雰囲気を味わうことができる。

ノルトケッテに登ってみよう

　ノルトケッテにはケーブルカーとロープウェイを使って簡単に登ることができる。州立劇場や王宮のやや北でフンガーブルク鉄道（ケーブルカー）に乗るとフンガーブルク（標高868m）に着く。ここからも、市街地やイン谷の景色を楽しむことができる。しかし、アルプスの山岳の雰囲気を味わうならばロープウェイ（1928年建設）に乗ってゼーグルーベ（1905m）へ、さらにはハーフェレカール（2256m）まで行こう。ハーフェレカールと市街地との比高はおよそ1700mに達し、石灰岩質ゆえに侵食が進んだ急勾配の斜面や、高度による植生の変化を目の当たりにすることができる。春から秋には下りだけハイキングを楽しむ人も多い。冬にはスキー斜面となるが、最上部は超急斜面なのでご注意を。

ハーフェレカール（2010年）
左手が中間駅のゼーグルーベ、その上部はカール地形を呈している。右上部の建物がハーフェレカール終点。

パッチャーコーフェル（2010年）
フンガーブルクからみたパッチャーコーフェル。手前はゼーグルーベに向かうロープウェイ。

インスブルックの富士山？―パッチャーコーフェル

　パッチャーコーフェル（標高2246m）はインスブルック市街地の南東に位置し、こちらもインスブルックのシンボルである。円頂丘の上部のみが森林限界を越えているため、冬季にはその部分のみが白い姿を見ることができる。市街地から路面電車またはバスでイーグルスに向かおう。そこからはロープウェイで山腹の2000m付近まで到達できる。晴れていれば、ノルトケッテの山並みを堪能できる。冬にはスキー場となり、1964年のオリンピックの際に使用された。　　　　　　　　（呉羽正昭）

60 ● アルプスを横断する交通動脈
ブレンナー峠

ブレンナー峠の位置

　インスブルック駅から近郊列車で南に向かうと、森林や耕地景観が展開するヴィップ谷を上流部に遡っていく。40分で終点のブレンナー（イタリア語でブレンネロ）駅に着く。ここがローマ時代から重要な交通の要所であり、モーツァルトやゲーテも通過したことでも著名なブレンナー峠である。

　ブレンナー峠（標高1374m）は、オーストリアで「中央アルプス」と呼ばれる東西に延びる山脈の鞍部にあり、オーストリアとイタリアとの国境でもある。東西には3000m級の山々がそびえている。「中央アルプス」は気候の境界でもある。北チロル（オーストリア）ではほとんどみられないワイン生産が、温暖な南チロル（イタリア）の谷底で盛んである。ここは分水嶺にもなっており、北側はドナウ川を経て黒海に、南側はポー川からアドリア海に注ぐ。

鉄道駅の貨物コンテナ（2011年）
コンテナの多くはトラックで輸送されるが、一部は貨車に載せて輸送される。

ヨーロッパの南北を結ぶ交通路

　ブレンナー峠に到着して最も驚くのは、コンテナやトラック車両の多さであろう。ヨーロッパの南北間を人やモノが移動するためには、東西に横たわるアルプスを横断しなければならない。横断路はスイスのサンゴタール峠など複数あるものの、ブレンナー峠は最も重要な地位にある。それは、標高の低さゆえ通過しやすいこと、EU加盟国ではないスイスを通過しなくてもよいことなどによる。それゆえ、現在まで

ドラッグストアに転用された旧検問所（2011年）
ドイツ系のドラッグストアに転用された。手前はイタリアで奥がオーストリア。

複数の交通路が整備されてきた。「ブレンナー街道」は一般道路で、ローマ時代にもさかのぼることができる。19世紀後半には「鉄道」が開発された。1950年代には「ブレンナー高速道路」の整備が開始され、ヨーロッパ橋のような景観も生まれた。そして、現在工事中の「ブレンナーベーストンネル」がある。2020年完成予定のこのトンネルは鉄道専用で、トラックは貨車に載せて輸送される。

鉄道と平行に延びる「ブレンナー街道」の町並み（2011年）
南北方向の延長500mほどの規模である。商店や飲食店が多く、教会もみられる。

国境としてのブレンナー峠

ブレンナー峠の性格を大きく変えた出来事は、1919年のサンジェルマン条約によって南チロルがイタリアに割譲されたことである。それ以前は、峠の南北ともにオーストリア・ハンガリー帝国の領域であったのだ。ここがオーストリアとイタリアとの国境地点になると、税関等の重要施設が整備されるようになった。しかし、オーストリアがEUに加盟した1995年以降は、障壁としての国境の意味は徐々に縮小し、シェンゲン協定が実行されている現在では、完全に自由に通過できるようになった。それゆえ、一部の旧税関などの施設は他の用途に転用されたり、未利用のまま残されている。

新設されたアウトレットモール（2011年）
かつて税関施設が立地していた土地などを利用して建設された。

ブレンナー峠の商店街

ブレンナー駅を出て、鉄道と平行に延びている商店街を歩いてみよう。駅はイタリアにあり、北に向かうとオーストリアとの国境線に至る。商店街には、イタリアの南チロル産のワインを販売する商店、飲食店が目立っている。2007年11月には、大規模な立体駐車場を備えたアウトレットモールDOBが完成した。モール内には、衣料品やスポーツ用品をはじめとする多くのブランド品販売店や飲食店がある。週末も営業しており、イタリア人をはじめ、オーストリア人やドイツ人など、多くの買い物客を惹きつけている。

（呉羽正昭）

61 ● イン川谷の交通の要衝
イェンバッハ

観光客（鉄道ファン）にとっては馴染みの深いイェンバッハ駅

　インスブルックの東35km、途中駅に停まらない列車なら20分のイェンバッハ駅は、北方のアッヘン湖へのアッヘンゼー鉄道（蒸気機関車が後押しして急傾斜の軌道を登る）と、南方へ伸びるツィラータール鉄道（夏には蒸気機関車の牽くノスタルジー列車が走る）への乗り換え駅として、観光客、とくに鉄道ファンにとって馴染みが深い。

アッヘンゼー鉄道（1998年）

ツィラータール鉄道（1998年）

　イン川に沿ってインスブルックからドイツ国境のクフシュタインまで鉄道を敷設しようという計画は、1835年頃から始まり、いろいろな案が出て紆余曲折があったが、結局1853年4月に政府の認可が下りて工事が始まり、1858年11月に開通した。クフシュタインでドイツ側の鉄道とつながり、ミュンヘンとインスブルックの間が鉄道で結ばれたわけである。

　当初のイェンバッハ駅は、ミュンヘンとインスブルックを結ぶ直通列車は停まらず、各駅停車の区間列車だけが停まる小さな駅であった。1889年6月にアッヘンゼー鉄道が開通し、さらにツィラータール鉄道が1902年7月にマイヤーホーフェンまで全通するに及んで、イェンバッハは鉄道交通の要衝となった。現在のイェンバッハ駅には、レイルジェットや深夜の列車を除けばEC、ICをはじめ、すべての列車が停車する。

遂に休業したイェンバッハ駅前のホテル

　イェンバッハ駅前にはトレランツというホテルがある。トレランツとは「寛容」「寛大」

といった意味で、客人すべてを歓迎、という気持ちを表現している。このホテルの開業は1890年で、経営者フランツ・プラントルは将来の観光発展を予測して積極的に国内・国外への宣伝に努め、ホテルは国際的にも高い声価を得た。アッヘンゼー鉄道開通後はさらに観光客誘致を目ざして奔走し、ツィラータール鉄道の建設にも尽力している。ホテルは開業6年後に増築され、イェンバッハの郷土誌に載っている1913年の絵葉書を見ると、外観は現在とまったく変わらない。1925年のベデカには、ベッド数60、宿泊料2.5シリングからで、「良好」と載っている。

　1998年の夏、大韓航空でスイスのチューリヒに着き、そこから鉄道でオーストリアへという計画を立てたわれわれは、これまで何度か泊まったことのあるインスブルックではなく、このイェンバッハに宿を取って、ここを拠点にチロル東部のあちこちを訪ねようと思って、このトレランツに取り敢えず3泊を依頼するファックスを日本から送ろうとしたが送れない。電話してみたが応答がない。この年の春に東京のオーストリア政府観光局から送ってもらったパンフレットにはちゃんと載っているのにおかしいなと思って、ファックスしようとした手紙を郵送したところ、「ホテルは残念ながら休業中」という返事が届いた。そこで村の中心部にあるもう1軒のホテルにファックスで予約しておき、チューリヒからの列車でイェンバッハ駅に着いたら、果せるかな駅前のトレランツは無人で静まり返っていた。荷物もあるので村の中心部のホテルまでタクシーに乗ったのであるが、トレランツはなぜ休業しているのか運転手に訊いたところ、お客が減ったからだと、ごく当たり前の返事だった。

　近年はマイカー利用の観光客が圧倒的に多い。たとえ鉄道を利用し、イェンバッハ駅に降り立ったとしても、観光客たちは北のアッヘン湖畔の保養地や南のツィラータールの保養地まで行ってしまい、イェンバッハ駅前に宿を取ろうなどと考える者は希なのだろう。19世紀から続いてきたホテルがなくなるのは、寂しいことではある。

工業都市イェンバッハ

　もっともイェンバッハという町そのものが衰退したわけではない。イェンバッハの人口は、鉄道が通じて間もない1863年に998人、トレランツの開業した1890年に1,395人、第二次世界大戦前夜の1939年に2,257人だったのに、戦後は急速に増え、1995年には6,420人に達している。これは工業が発展してきたためで、町の西はずれに金属・機械・車両の大きな工場がある。列車でインスブルックの方から来ると、駅に到着する直前に線路の北側に工場が見える。つまり今のイェンバッハは工業都市といってよいが、工場はまわりが一面の緑に囲まれ、日本の工業都市のイメージからはほど遠い。オーストリアの学校用地図帳を見ると、イン川の谷には多くの工場の印が記されているが、鉄道の車窓風景は美しい田園そのものである。美しい風景を損なわないようにという配慮が行き届いているからだろう。

（浮田典良）

62 ● オーストリア随一の高級リゾート
キッツビューエル

高級リゾート

　チロル州東部、キッツビューエルアルプスのほぼ中央部に位置するスキーリゾートで、その知名度は世界的である。人口8,181（2012年）。ちなみに山形市の姉妹都市にもなっている。イン谷のヴェルグルからキッツビューエルを経て、ザルツブルクに至る鉄道は1875年に開通した。キッツビューエルは、20世紀初頭、チロル州のなかではサンクト・アントンやゼーフェルトとともに、鉄道沿線のアクセスに優れたスキーリゾートとして発展したのである。交通という点では、南部のトゥルン峠を経てザルツブルク州のピンツガウに至る道路も重要である。

ハーネンカーム

　標高750mほどの市街地の南西にはハーネンカーム、北東にはキッツビューエラー・ホルンといった2000m前後のピークがそびえ立っている。市街地南東に、普通列車のみが停車するキッツビューエル・ハーネンカーム駅があり、それに隣接してハーネンカームへのゴンドラリフト乗り場がある。ゴンドラに乗り込んで山頂駅に着き、そこから北東を望むと、キッツビューエルの市街地やキッツビューエラー・ホルンの姿が見える。そのまま視線を左、すなわち北西に向けると、石灰岩質からなる白い鋸状山脈のヴィルダーカイザーがそびえ立つ。

ハーネンカーム（2011年）
夏はハイキングや展望、冬はスキー斜面として利用される。

キッツビューエラー・ホルン（1994年）
山麓では、緩傾斜地が草地として、急傾斜地は森林として利用されるモザイク状の景観が見られる。浮田典良撮影。

リゾートへの発展プロセス

　キッツビューエルは、かつて銅鉱山で栄えたが、その周囲は農村であった。19世紀末から20世紀初めにかけて、チロル州でも早くからスキーの試みがなされた。当時、一人の先覚者がホテルを建設し、1870年代の鉄道敷設といった交通条件もあって、高級リゾートとして発展してきた。1928年に、ハーネンカームへのロープウェイが完成し、その斜面では、毎年アルペンスキーのワールドカップほかさまざまな競技会が開催されている。冬季五輪の三冠王、トニー・ザイラー（1935〜2009年）の出身地でもあるこの地は、競技スキーのメッカでもある。スキー場はハーネンカームのさらに南部、ザルツブルク州との境界（標高2000m程度）まで展開している。もちろん、スキーだけではなく、グリーンシーズンのハイキングも盛んであるし、9ホールのゴルフ場もある。

中心市街地と聖母教会（2011年）
この日は夏祭りのため多くの人でにぎわっていた。

中心街市街地の家並み（2011年）
色とりどりの小規模な家屋が連続している。

中心市街地と観光客

　尖塔をもつ聖母教会の南東にあるコンパクトな中心市街地には、宿泊施設や商店が立ち並んでいる。壁の色は黄色、ピンク色、緑色、白色などカラフルであり、飲食店、高級な衣料品店や宝石店のほか、土産物店などが集積している。キッツビューエルには、270軒ほどの宿泊施設が存在し（2010年）、総ベッド数（約6,000）の3分の1は4つ星クラス以上の高級ホテルである。一方、隣接するキルヒベルクなどにも多くの宿泊施設があり、安価な民宿も多い。宿泊客の大半は外国人で、その多くはドイツ人であるが、他のリゾートに比べるとイギリス人も多くなっている。　　　　（呉羽正昭）

63 ● アールベルク・スキーのメッカ
サンクト・アントン

サンクト・アントンとシュナイダー

　サンクト・アントンは、インスブルックから西へ約100kmの距離にあり、その西の境界でフォアアールベルク州に接している。インスブルック駅から列車のICやレイルジェットに乗ると1時間強で到着する。サンクト・アントンを著名にしているのは、スキーリゾートとしての名声である。日本で著名なスキーリゾートをもつ長野県の野沢温泉村と姉妹都市となっている。サンクト・アントンの西に広がる山地はアールベルクと呼ばれ、自治体としての正式名称や駅名は、サンクト・アントン・アム・アールベルクである。この山地名は、アールベルク・スキー術という名称にも使用されている。

　1901年に、サンクト・アントンではスキークラブが結成された。さらに、スキーとサンクト・アントンをより強く結びつけたのは、シュナイダーの出現である。ハンネス・シュナイダー（1890〜1955年）は、隣村のシュトゥーベン（フォアアールベルク州）の生まれで、1907年にはサンクト・アントンのホテル（ホテル・ポスト）のスキー教師となった。彼は、アールベルク・スキー術を確立するとともに、ドイツの演出家アーノルド・ファンクとともにスキー映画やスキー教科書を作成し、スキー技術の普及に努めた。1930年2月末、シュナイダーは玉川学園の招待で来日した。菅平や野沢温泉などで講習会を開催し、日本でのスキー技術の向上に大きく貢献した。サンクト・アントンの博物館では、彼の功績に触れることができる。

スキー場（2011年）
斬新なデザインのゴンドラリフトとスキー斜面。

ハンネス・シュナイダーの記念像
　　　　　　　　　　　　（2013年）
シュナイダーの生地シュトゥーベンの教会前にある。

アルペンスキーの発祥とスキーリゾートの成長

　もともとスキーは、北欧における平地の移動手段であったが、19世紀の末にアルプスに移入され、同時にアルペン技術が開発された。その第一人者は、ウィーンの西南西の郡中心地であるリリエンフェルトのツダルスキーで、1896年に『リリエンフェルト・スキー術』という教科書を出版した。

　ツダルスキー以後、スキー技術はアルプス全体に広がった。当初はスキーは登山の道具としてみられていたが、夏季観光向けの登山鉄道やロープウェイがスキーにも利用されるようになると、スキー場やそれに付随するスキーリゾートが成長した。サンクト・アントンやキッツビューエルは鉄道駅に隣接するという立地上の利点を活かして、第二次世界大戦前から発展したのである。戦後、1960年前後以降は、多くのスキーリゾートが発展したが、とくに大規模なスキー場をもつスキーリゾートの発展が顕著であった。しかし近年は、地球温暖化傾向下で積雪量が不安定になりがちで、より高い標高段階まで達するスキー場を備えたスキーリゾートが有利になっている。人工雪への依存も高まっているために、低温の可能性が大きくなる標高の高さが重要視される。こうした意味でも氷河スキー場を有するスキーリゾートが多くの滞在客を集めている。

ホテル・ポスト（2011年）
中心部にある老舗ホテルで、旧駅に隣接する。

サンクト・アントン博物館（2013年）
スキー場斜面を見下ろせる斜面上にあり、レストランも併設している。

オーストリアから日本へのスキーの伝播

　日本に本格的にスキー技術を伝播したのは、オーストリア＝ハンガリー帝国軍人のレルヒ少佐（日本滞在中に中佐に昇進）であった。彼は、ツダルスキーからスキー技術を学んだ弟子で、日本の軍隊視察のために来日した。1911年1月12日、レルヒは現在の新潟県上越市高田で第13師団の軍人に講習会を開始した。この日が、日本では「スキーの日」とされている。その後もレルヒは軍人以外に向けても講習会を開催したり、1912年には旭川の第7師団に移動してスキー技術の普及に貢献した。

（呉羽正昭）

64 ● サンクト・アントンの発展
伝統的なスキーリゾート

伝統的スキーリゾート：サンクト・アントン

　サンクト・アントンは、かつてはオーストリアからスイスに至る街道において重要なアールベルク峠の近隣集落（標高1284m）として発展した。1884年にアールベルクを貫く鉄道トンネルが開通すると、交通の要所としての地位も有するようになった。19世紀末にアルプスにスキーが普及し始めると、鉄道駅前がスキー場というアクセスに優れたスキーリゾートとして発展していく。第二次世界大戦後は、スキーリフトの整備が進み、標高2811mのファルーガ山にまで容易に到達できるようになった。

　スキーコースには上級者向け斜面が多く、頻繁にアルペン競技大会が開催されている。また、チロル州の地元の人びとにも人気が高い。

　中心集落は、イン川の支流ロザーナ川に沿って、その北側に列状に延びている。かつて駅はスキー場のすぐ南にあったのだが、2001年のアルペンスキー世界選手権開催にあわせて、2000年9月、線路とともにロザーナ川の南に移転した。旧駅舎（現存）はノスタルジックな雰囲気を醸し出していたが、新しい駅舎は無機的なものに変わってしまい、残念である。線路の跡地は公園やスポーツ施設へと転用されている。

　中心集落には、高級ホテルが多く立地しており、そこから離れるにしたがって小規模で安価なペンションがみられるようになる。全体で、約650軒の宿泊施設（ベッド数約10,000）が存在する（うち4割は冬季のみの営業）。

サンクト・アントン中心部（2011年）
通りの両側にホテルや商店が連続している。夏季のハイキング客もみられる。

中心部から西側の斜面（2011年）
斜面に小規模な宿泊施設が集積している。索道は南側斜面のスキー場へのリフト。

● 168

また中心市街地には、スポーツ用品店、土産品店、レストラン、喫茶店などが多く存在している。宿泊数（約110万泊、2012年）の8割以上が冬季の外国人スキー客で、ドイツ人が多いが、イギリス人も目立つ。夏には周囲の山地で登山・ハイキングを楽しむ観光客が多い。

スキー教師の聖地：サンクト・クリストフ

サンクト・アントンの中心集落から、フォアアールベルク州方面に向かい、アールベルク峠の手前に、小集落サンクト・クリストフ（標高1765m）がある。ここには、オーストリア国立スキー学校があり、1963年には同校教授のクルッケンハウザーが来日し、日本のスキー技術向上に大きく貢献した。翌年には、コルチナ・ダンペッツォでのオリンピックに出場した杉山進が、ここでオーストリア国家検定スキー教師の資格を取得するなど、スキーを通じて日本とオーストリアとの交流をはかる重要な拠点である。もちろん、世界中からスキー教師が集まる講習会や、スキー関係の学会やイベントなども頻繁に開催されている。

サンクト・クリストフ（2013年）
国立スキー学校（右側）のほか、ホテルを中心とした十数軒の宿泊施設からなる集落。

高級スキーリゾート：チュルスとレッヒ

サンクト・クリストフの上部にはアールベルク峠（標高1793m）があり、これを越えるとフォアアールベルク州に入る。さらに北に進んでフレクセン峠の先にはチュルス（標高1717m）が見える。ここは20軒弱のホテルからなる超高級スキーリゾートで、すべて冬季のみの営業である。ほぼすべてのホテルが4つ星以上で、世界各国から富裕層が集まる。チュルスの北約5kmにはレッヒ（177頁）がある。こちらも高級リゾートであるが、夏もある程度の観光客でにぎわっている。

（呉羽正昭）

チュルスの全景（2012年）
谷底に高級ホテルが立ち並び、両側の斜面がスキーコースとなる。

65 ● 氷河地形の宝庫
エッツ谷

エッツ谷（エッツタール）

インスブルックの西約40km付近に、北流してきたエッツタールアッヘ川がイン川に合流する地点がある。エッツ谷（エッツタール）は、ここから最南部のエッツタールアルプスまで続く。その延長距離は、イン谷の支谷のなかで最長の約65kmにおよび、エッツ谷は文化圏としての性格も有する。下流からザウテンス、エッツ、ウムハウゼン、レンゲンフェルト、ゼルデンの五つの自治体がある。谷底には主要道路が通り、エッツタール駅から路線バスが運行されている。冬季以外には、ティンメルスヨッホ峠（標高2474m）を越える有料道路を経て、イタリアに至ることができる。谷を遡って行くと、東西両側に迫る山々に囲まれた狭い谷底に集落や耕地が展開している景観を観察することができる。また緩傾斜の山腹にも農家が点在している。第二次世界大戦後、夏季や冬季に大量の観光客が訪れるようになった。観光産業に依存する傾向は、エッツ谷の奥に入るほど、つまり南に行くほど強くなる。

タールと氷河地形

タールとは谷のことで、チロル州を含むオーストリア西部では、氷河作用によって形成された谷が卓越する。巨大な氷のかたまりが長い時間をかけてゆっくりと流れたために、アルファベットのU字型の谷が形成された。つまり、谷底は比較的広く、両

レンゲンフェルトの山岳景観（2012年）
左（東）側の谷側面は典型的なU字谷の形で、また正面にはカール（氷河によってできた椀状の谷）が見える。ここは最奥の村ゼルデンの手前に位置する。

ガイスラッハコーグル（ゼルデン）からのエッツタールアルプスの景観（2011年）
ガイスラッハコーグルからはエッツタールアルプスの景観を堪能できる。

側の山地斜面の傾斜が急峻である。チロル州では、エッツ谷をはじめ、ツィラー谷やシュトゥーバイ谷などが大規模である。それぞれが伝統的には文化圏となっており、たとえば食事や方言が異なっている。山地は、谷どうしの交流を妨げるように作用してきたが、山地を越えた文化交流も残されている。それは、イタリアから国境を越えて来る羊の移牧にみられる。その伝統は遅くとも中世頃から存在し、第一次世界大戦後に南チロルとの間に国境線が引かれて以降も存続している。

ティンメルスヨッホ付近の牧羊（1998年）
南チロル（イタリア）からの羊の移牧は現在でも続いている。浮田典良撮影。

エッツタールアルプスと氷河

エッツ谷の最奥部にはエッツタールアルプスと呼ばれる山地帯がある。山地帯としてはオーストリアで最も標高が高く、3000m級のさまざまな峰が登山者を惹きつける。最高峰は、ヴィルト・シュピッツェ（154頁）である。多くの氷河が現存するとともに、U字

エッツタールアルプス南部（2011年）
山地の上部のみに氷河が存在している。見える集落はオーバーグルグル。

谷やカールなどの氷河地形をみることができる。1991年、国境付近のイタリア側において、約5300年前のミイラ（アイスマン（エッツィ））が発見された。この発見は、20世紀後半以降の氷河後退のためとみられている。

氷河の後退は、地球温暖化傾向が継続するなか、アルプス全体だけでなく、世界的な問題でもある。オーストリアでは、20世紀末の約30年間で、氷河の表面面積は17％、氷河の体積は22％減少したと推測されており、この減少傾向は現在まで続いている。標高の高いエッツタールアルプスでは氷河の後退傾向は緩慢ではあるが、たとえば、ゼルデン地区では、氷河スキー場のコースの一部が、すでに1990年頃に閉鎖されているように、観光業への影響もある。

（呉羽正昭）

66 ● 発展するエッツ谷のリゾート
ゼルデン

巨大なリゾート：ゼルデン地区

　ゼルデンはエッツ谷最奥部に位置する自治体で、新潟県南魚沼市（旧塩沢町）と姉妹都市提携を結んでいる。その中心集落（標高1368m）はゼルデン地区である（地区の人口約2,000）。ここでは、19世紀の後半にエッツタールアルプスを目指す登山者が訪れるようになり、観光化が始まった。1948年にスキー場が開発され（冬スキー場）、1975年には地区の西南西にあるレッテンバッハ氷河上にもスキー場が設置された（氷河スキー場）。さらに1990年代の後半以降は、冬スキー場と氷河スキー場が連結され、巨大なスキー場ができあがった。しかし、最近は雪不足が深刻で、人工降雪機の設置が急速に進んでいる。

　地区の宿泊施設数は約500、ベッド数は1万を超え、高級ホテルも増えている。エッツタールアッヘ川を挟んで両側にホテルが林立する。谷底の道路沿いには、宿泊施設のほかに、飲食店、スポーツ用品店、スーパーマーケットなどが多数存在し、巨大リゾートを形成している。山麓には小規模で安価なペンションもみられる。宿泊数は年間約150万泊に達し、冬季が多い。観光客はドイツ人とオランダ人を中心とする外国人がほとんどで、スキーのほか、スポーツファッションの買い物などを楽しむ。夏季には、ハイキングやサイクリングが活動の中心で、ガイスラッハコーグル（標高

ゼルデン地区の集落立地（2011年）
ほとんどの家屋は谷底に立地している。東斜面（写真の右）は森林に覆われ、西にはスキー場がある。

ゼルデン地区のスキー場（2011年）
ギッギヨッホリフトの終点付近（標高約2300m）。雪不足で、この周囲の斜面は人工降雪で整備されている。豊富な雪を求めて氷河スキー場に向かうスキー客でリフトは混雑している。

3040m）へのゴンドラリフトが運行されているし、時期によっては自家用車やバスで氷河スキー場の直下に至ることができる。

アルプスの農業

　ゼルデン地区はもともと小規模な農業集落であった。それゆえ、地区内を散策していると、家畜舎を有する農家を発見することができる。小型の灰色牛や羊が飼育され、これらの家畜の一部は森林限界の上部に広がる草地（アルム）で放牧される。集落付近に存在する草地は、冬季の家畜飼料のための採草地である。かつては、夏季にはほとんどの家畜がアルムに山上げされ、アルムにはチーズを製造する小屋があった。現在では搾乳牛は集落で舎飼されるのが一般的である。エッツ谷では、フェント、さらにはレンゲンフェルト以北で比較的農業的な要素が残っている。

ゼルデン地区中心部の景観（2011年）
主要道路沿いには、ホテルをはじめ、飲食店やスポーツ用品店、スーパーマーケットが立地している。

オーバーグルグルの集落（2012年）
大規模な高級ホテルが多い。中央奥にはホッホグルグルが見える。

高級リゾート：オーバーグルグルとホッホグルグル

　ゼルデン地区から南に谷をさかのぼると、高級スキーリゾートであるオーバーグルグル（標高1930m）とホッホグルグル（標高2150m）が存在する。エッツ谷最奥部のオーバーグルグルは、教会を有する集落としてはオーストリアで最も高地に位置する。農家は数戸のみで、ほとんどの建物は宿泊施設（約80軒）や観光関連施設である。高級ホテルが多く、そのほとんどは冬季のみの営業である。背後のピークへの登山基地としても著名で、ホーエムートへのゴンドラリフトに乗ると、手軽にアルプスの山岳景観を堪能できる。一方、ホッホグルグルはティンメルスヨッホ峠に至る道路沿いに位置する。ここは完全なホテル集落で、7軒のホテルが冬季のみ営業している。

（呉羽正昭）

67 東チロル

● チロル州の飛び地

東チロル：チロル州の飛び地

　東チロル（またはオストチロル）はチロル州の飛び地で、北はザルツブルク州、東はケルンテン州、南と西はイタリアと接している。1919年のサンジェルマン条約によって、南チロルがイタリアに割譲された結果、東チロルはチロル州の飛び地となったのである。インスブルックに鉄道で行くためにはイタリアとの国境を二度も通過しなければならなかった。オーストリアのEU加盟（1995年）、シェンゲン協定実施後は、イタリアとの国境も完全に開放され、自由に通行できるようになっている。しかし、鉄道を利用すると、インスブルックまでは依然として4時間以上を要する。

ホーエ・タウエルン

　東チロルの領域の多くは山地であり、面積の半分程度は標高2000m以上の地域である。北部にはオーストリアでも最高級の山地帯、ホーエ・タウエルンがあり、3000m級の山々が連なる。一帯は国内最大規模のホーエ・タウエルン国立公園となっており、ハイキングのメッカとして、冬季にはスキー登山の場として人気が高い。この山地は、長い間、南北交通の障害となってきたが、1967年にフェルバー・タウエルン・トンネル（有料道路）が開通すると、ザルツブルク州のピンツガウを経て、キッツビューエルに到達できるようになった。トンネル開通後は、ドイツなどから東

フェルバー・タウエルン・トンネル（2000年）
東チロルに至る大動脈。

マトライ・イム・オストチロル（2000年）
大規模なサンクト・アルバン教会を中心に谷底や斜面に集落が広がる。

チロルを訪れる観光客数が大きく増加した。最近は、スキー場開発の進行が顕著で、標高の高い地点へとスキー場が拡大している。一方、東チロル南部には、石灰岩質のリエンツ・ドロミテ山地がそびえる。

農村観光の目的地

　山がちな東チロル山地には多くの河谷が形成され、その谷底部や緩やかな斜面が、住民の生活舞台となってきた。家畜、とくに牛飼養を中心とする農業が主たる産業であり、耕地の多くは採草地で、飼料が生産されている。しかし、生産条件が悪く、多くの住民はドイツなどへ出稼ぎに行っている。一方、ヨーロッパにおいて1970年頃以降、静かな農村でバカンスを過ごす形態が普及してくると、東チロルに残る純粋な農村景観が貴重な観光資源として認識されるようになった。東チロル北部のマトライやフィルゲンなどでは、「山地農家で休暇を！」というスローガンのもと、多くの畜産農家が民宿を経営している。宿泊客の多くは夏季に訪れ、山地にハイキングに出かけたり、牧草地で日光浴をしたり、多様な活動がみられる。

フィルゲン（2000年）
マトライから西に谷を遡るとフィルゲンに入る。伝統的な農村景観が残る。

フィルゲンの農家民宿（2000年）
夏季にはベランダに花を飾る。

中心地リエンツ

　東チロルの中心都市はリエンツ（人口11,960、2012年）、中心部の標高は673mである。東チロル唯一の都市として、多様な都市機能をもつ。市街地はマトライから南流するイゼール川と、南チロルから東流するドラウ川の合流点付近にある。市街地には、カラフルな建物が密集し、さまざまな商業機能もみられる。この西と北にはそれぞれリフトがあり、夏季には展望を楽しむことができ、冬季にはスキー場となる。

（呉羽正昭）

68 フォアアールベルク州

● オーストリア最西端の州

位置と領域

フォアアールベルク州は、オーストリアの最も西に位置する。その北はドイツと、南と西はスイスやリヒテンシュタインとの国境に、東はチロル州と接している。面積2,601km^2、人口36.9万(2012年)。ボーデン湖畔にある都市ブレゲンツが州都である。州のほぼ全域がアルプス山脈に含まれ、チロル州ほどの知名度はないが、著名なリゾートも多い。州の北東部にはブレゲンツの森が、東部にはアールベルク山地が、南部には標高の高いジルフレッタ山地などが位置し、北西部のボーデン湖の周囲にわずかな平地がある。オーストリアの国土のほとんどはドナウ川の流域であるが、フォアアールベルク州では一部の例外を除いてライン川の流域である。言葉もスイスのドイツ語に近い。

地名の由来

フォアアールベルク（アールベルク山地の前）という名称の由来については諸説ある。フォアアールベルク州は国土の最も西にあり、首都のウィーンをはじめ国土の大部分の地点からみると、ヒンターアールベルク（アールベルク山地の奥）という地名になるはずである。しかし、諸説の一つは、神聖ローマ帝国君主であったハプスブルク家はもともとスイス出身であり、そこからみた場合に、アールベルク山地の前（フォア）になるというものである。

スイスからのヴァルザー移民

紀元前500年頃にはケルト人が居住し、西暦紀元頃にローマ帝国に含まれたとされる。14世紀頃、スイスの南部（今のヴァレー州やグラウビュンデン州など）からの移民が入植した。彼らはヴァルザー移民（ヴァレー人移民）と呼ばれ、13世紀のスイス南部で生じた人口増加によって移動を迫られたのである。この点でもフォアアールベルク州とスイスの

フェルトキルヒの中心部（2011年）
市街地ではラウベンガングと呼ばれるアーケードが特徴的である。スイスとリヒテンシュタインに隣接する。

結びつきは強く、実際に第一次世界大戦直後にはオーストリアからの離脱とスイス連邦への加盟が模索されたこともある。現在でも関係は深く、たとえば賃金の高いスイスに向かう労働者が多く、また物価の安いオーストリアに買い物に来るスイス人も多い。

人口と産業

　人口は、西部の低地に集中し、そこには州都ブレゲンツをはじめ、最大人口規模のドルンビルン、フェルトキルヒ、ルステナウなどの都市が存在する。伝統的には畜産を中心とする農業が産業の主体で、農村集落が山腹に展開する景観がみられる。一方、ドルンビルンやルステナウでは家内工業的な繊維工業が盛んであった。19世紀半ば以降は、観光産業が成長部門として位置づけられ、ブレゲンツの森やモンタフォン谷、アールベルク山地には冬季や夏季に多くの観光客が国内外から訪れる。その多くはドイツ人であるが、これに次いで多いのはスイス人である。ブレゲンツの都市観光も重要で、ブレゲンツ音楽祭には世界中から観客が訪れる。

アールベルク山地の高級リゾート、レッヒ（2011年）
州の西部、チロル州のサンクト・アントンに近接する。高級ホテルが多く存在する。

飛び地的なクラインヴァルザー谷

　クラインヴァルザー谷は、州の北東部に位置する飛び地的な地域である。道路交通ではドイツからのみ到達でき、国内からは山岳を越えて徒歩で行くしかない。地名のように、ヴァルザー移民が入植した地域で、今でもヴァルザー方言が残っている。通貨のユーロ導入前には、ドイツマルクが流通していた。シェンゲン協定が実施され、ユーロが導入されると、国境の障壁はほとんどなくなっている。中心地はミッテルベルクで、宿泊施設が集積する。ハイキングやスキーのためにドイツから大量の観光客が訪れる。その宿泊数はオーストリア国内でも常に上位（2013年は5位）にランクされる。

（呉羽正昭）

フォアアールベルク州　　　藤塚吉浩作成

69 ● 湖上舞台の音楽祭
ブレゲンツ

州都ブレゲンツ

　ブレゲンツはフォアアールベルク州の州都（標高427m）で、オーストリアの最西部ボーデン湖畔に位置する。ウィーンからは直線距離で約500kmであるが、鉄道距離は770kmで最短でも7時間を要する。州都ではあるものの人口は27,768（2012年）。州内の他都市（ドルンビルン（45,581人）とフェルトキルヒ（30,904人））に比べて少ない。しかし、州の行政・経済の中心都市としての地位を有している。北に位置するドイツとの国境、西のスイスとの国境までそれぞれ10km以内で、両国への鉄道・道路交通の結節点でもある。市街地はボーデン湖に面し、東に広がるブレゲンツの森との間の狭い平地に位置している。観光産業の成長も顕著であるが、ボーデン湖やその湖畔、さらには夏季の音楽祭が中心的な観光資源であるため、宿泊数は夏季に集中し、宿泊施設の半数以上は冬季には休業する。

ボーデン湖

　ボーデン湖は、オーストリア、ドイツ、スイスにまたがる氷河湖である。また、ライン川は、ブレゲンツのやや西でボーデン湖に注ぎ、湖を経て、再びライン川として流れている。ボーデン湖に注ぐ際の名称はアルペンライン川で、流出時の河川名ホッホライン川と異なっている。ボーデン湖では、湖水浴やヨット、ボートなどを、湖畔での散策やサイクリングを楽しむ観光者が多い。また、湖上には定期船も運航されて

ボーデン湖畔でくつろぐ人びと（2011年）
のんびりと日光浴をする観光客や地元住民が多い。

ボーデン湖畔の公園でチェスを楽しむ人びと（2011年）
ヨーロッパではチェスの人気が高い。

いる。一方で、貴重な生物相も多く、湖や湖畔の一部は自然保護地域になっている。

湖上舞台の音楽祭

ブレゲンツでは、毎年7月と8月に音楽祭が開催され、複数の会場で、オペラやミュージカルが公演される。会場のなかでも最も著名で規模が大きいのは湖上舞台である。ボーデン湖畔に約7,000人収容の観客席があり、舞台は水上に設置され、水上が舞台の一部として利用されることもある。湖上舞台の公演は1946年に始まり、近年では2年連続で同じ演目で開催されている。「カルメン」、「フィデリオ」、「ウェストサイドストーリー」など著名な演目が多く採用され、2011年と2012年は「アンドレア・シェニエ」（ジョルダーノ作曲）、その次は「魔笛」が演じられた。湖上舞台に隣接して祝祭劇場（1980年開設）があり、ここでもオペラやコンサートが上演される。

湖上舞台と観客席（2011年）
写真の左側がボーデン湖。

湖上舞台のセットの様子（2011年）
オペラ「アンドレア・シェニエ」上演用の舞台。

ブレゲンツ市街地

ブレゲンツ駅の北側にはボーデン湖畔に公園が広がり、その先に湖上舞台や祝祭劇場がある。一方、駅の南東側には、コンパクトな旧市街地がある。ここでは、洗練された建物や歩行者専用道路の整備が進み、地元客の利用する商業施設が集積する。また、夏季の観光シーズンには、多くの観光客でにぎわう。

（呉羽正昭）

旧市街地（2011年）
多様な商業施設が集積している。

70 ● 農村文化の根づくブレゲンツの森
ブレゲンツァーヴァルト

ブレゲンツァーヴァルトの自然と文化

　ブレゲンツァーヴァルト（ブレゲンツの森）はフォアアールベルク州の北部から東部を占める山地地域である。ブレゲンツの背後にある森（山地）を意味する。オーストリアの北アルプス最西部に位置し、主に石灰岩質からなる。1500～2000m級の山々が連なり、それを侵食した多くの谷がみられる。それらの谷底にも集落がみられるが、緩やかな斜面上や丘陵地上に展開する集落も見事である。

　ブレゲンツァーヴァルトでは、中世に山地斜面などへの開拓がさかんになった。特に、スイスの南部（現在のヴァレー州やグラウビュンデン州など）のヴァレー人が多く移民として入植した。家畜飼育を中心とした農業や手工業が主要産業であったが、生産性は悪く、19世紀末には多くの子どもがドイツのシュヴァーベン地方の農家に出稼ぎに行ったのである。彼らは、シュヴァーベン・キンダーと呼ばれた。

斜面に展開する集落（2011年）
ブレゲンツァーヴァルト南部に多い斜面集落。

ダミュルスのスキー場（2011年）
ブレゲンツァーヴァルトでは例外的に標高が高い1500m付近に集落があり、その上部2000m付近までスキー場が展開する。

ショベルンアウの畜産農家とハイキング客（2011年）
ブレゲンツァーヴァルトで生産されるチーズのブランド化も進んでいる。

● 180

ブレゲンツァーヴァルト鉄道

　ブレゲンツァーヴァルト鉄道はブレゲンツからベーツァウまでの約35kmの区間に、1902年から1983年まで運行されていた。しかし河川の洪水などで全線運行が困難となり、現在では、春から秋にかけて観光鉄道としてシュヴァルツェンベルクからベーツァウまでの区間に、蒸気機関車とディーゼル機関車が運行されている。

観光産業の発展

　19世紀の後半には、登山やハイキングのために観光客が訪問するようになり、また20世紀に入るとスキーの目的としても認識された。1960年代以降は観光産業が大きく発展した。なかでも、アウ、ショペルンアウ、ヒッティザウ、ベーツァウ、ダミュルスなどには宿泊施設が集積し、大規模な観光集落となっている。

　夏季に比べ冬季の宿泊数がやや多いが、地形条件のためにスキー場は中規模あるいは小規模にとどまっている。スキー場の最高点も2000m前後に留まっている。夏季の行動の中心はハイキングやサイクリングなどである。集落には安価な小規模ペンションが多いものの、大規模なホテルも増えつつある。1990年頃以降は、自炊もできるアパート施設（休暇用住宅）の看板が目立つ。一方で、「農家で休暇を」制度やルーラル・ツーリズムの人気に基づいて、農家による民宿経営も見直されている。主な顧客はドイツ人であるが、これに次いで多いのはスイス人である。

（呉羽正昭）

ショペルンアウの小規模ペンション（2011年）
1泊朝食付きで35ユーロほどの料金。

ショペルンアウの中規模ホテル（2011年）
レストランなどの設備が整ったホテルも増えつつある。

71 ● とっておきの景観をもつ谷
モンタフォン

モンタフォン谷へ

チロル州から鉄道または道路でアールベルクトンネルを過ぎ、フォアアールベルク州に入ってしばらくするとブルーデンツに着く。ここから南東に向かって、モンタフォン谷の中心地シュルンスに至るモンタフォン鉄道に乗ることができる。2両で走る狭軌鉄道の人気も高い。谷の両側には標高2500mを超える山地がそびえ立っている。モンタフォン谷を流れるのはイル川で、フェルトキルヒ付近でライン川に注ぎ、北海へと至る。

モンタフォン谷を上流部へ

さらにイル川を上流に遡ると谷の幅はどんどん狭くなり、サンクト・ガレンキルヒやガシュルンの集落を過ぎ、ジルフレッタ山岳道路の料金所に至る。さらに進むと多くのヘアピンカーブで高度をかせぎ、エメラルド色のフェルムントダム湖付近まで来ると、森林限界を越えたことになる。さらに進むと、ビーラーヘーエ峠（標高2037m）に至る。ここに隣接

モンタフォン鉄道のシュルンス駅（2011年）
この駅よりも上流部ではバスが公共交通機関となる。

シュルンスの中心部（2011年）
山麓にも小規模なペンションが見える。

フェルムントダム湖（2011年）
ジルフレッタ山岳道路に面する、湖面標高約1750mのダム。

● *182*

して最大規模のジルフレッタダム湖があり、標高3000m級のジルフレッタ山地や氷河の景観を間近に見ることができる。1920年代にイル川水系の水力発電所開発が重要視され、ダムやその整備のための道路が建設されたのである。山岳道路は冬季には閉鎖されるが、それ以外の時期には峠を経てチロル州のパッツナウン谷に至ることができる。近年では、自転車でこの道路を走破する強者もいる。

ビーラーヘーエ峠（2011年）
ジルフレッタダム湖の湖畔にはドライブインや宿泊施設があり、多くの観光客や登山者でにぎわう。

モンタフォンの変容

中世には、鉄、銅、銀などの鉱物資源の採掘で繁栄した。19世紀後半に登山者の訪問が始まり、その後は徐々に観光客もみられるようになった。1905年にモンタフォン鉄道が開通すると、多くの観光客が訪れるようになり、スキー観光も始まった。1920年代には、小説家ヘミングウェイがシュルンスに滞

ビーラーヘーエ峠から望む氷河（2011年）
森林限界を越えた山地の奥には、青白い氷河が位置する。

在している。道路などのインフラ整備は、電源開発によるところが大きかった。

1960年代以降は、スキーリゾートとしての発展を続けている。標高の低い地点から、チャッグンス、シュルンス、サンクト・ガレンキルヒ、ガシュルンへと著名なスキーリゾートが連続している。それぞれのリゾートには最高点標高が2000mを超える大規模スキー場が整備され、共通のリフト券も発行されている。モンタフォン谷全体では、1,400以上の宿泊施設があり、18,000程度のベッド数を有する。さまざまなスキー競技大会も開催され、多くのスキー選手も輩出されている。

（呉羽正昭）

参考文献

　本書でオーストリアの風景をたどってゆくにあたって、さらに詳しく知るために参考になる文献をあげておく〔著者名の50音順〕。なお、できるだけ新しい情報に目を向けるために、あえて1990年以降に出版されたものに限定した。また、オーストリアについては多くの旅行ガイドブックが出版されているが、ここでは省略する。

饗庭孝男・伊藤哲夫ほか『ウィーン―多民族文化のフーガ』大修館書店，2010

アルク出版企画編『ウィーン大研究』春秋社，1992

池内　紀監修『オーストリア』新潮社，1995

池内　紀『ザルツブルク』筑摩書房（ちくま文庫），1996

池永正人『チロルのアルム農業と山岳観光の共生』風間書房，2002

今井　敦『三つのチロル』新風舎，2004

上田浩二『ウィーン―「よそもの」がつくった都市』筑摩書房（ちくま新書），1997

小野有五『アルプス・花と氷河の散歩道』東京書籍，1997

加賀美雅弘『ハプスブルク帝国を旅する』講談社（現代新書），1997

河野純一『ハプスブルク三都物語―ウィーン，プラハ，ブダペスト』中央公論新社（中公新書），2009

ジェラヴィッチ.B. 著，矢田俊隆訳『近代オーストリアの歴史と文化―ハプスブルク帝国とオーストリア共和国』山川出版社，1994

千足伸行『もっと知りたい世紀末ウィーンの美術―クリムト、シーレらが活躍した黄金と退廃の帝都』東京美術，2009

宝木範義『ウィーン物語』講談社（学術文庫），2006

田口　晃『ウィーン―都市の近代』岩波書店（岩波新書），2008

長　真弓『ヨーロッパアルプス鉄道の旅―路線案内から旅の実用知識まで』講談社，1992

新田次郎『チロルからウィーンへ』小学館，1997

野村三郎『ウィーン・フィルハーモニー―その栄光と激動の日々』中央公論新社，2002

平田達治『ウィーンのカフェ』大修館書店，1996

平田達治『輪舞の都ウィーン―円形都市の歴史と文化』人文書院，1996

広瀬佳一・今井　顕『ウィーン・オーストリアを知るための57章』明石書店，2011

前田昭雄『ウィーンはウィーン』音楽之友社，1991

増谷英樹『歴史のなかのウィーン―都市とユダヤと女たち』日本エディタースクール出版部，1993

南川三治郎『図説　ウィーン世紀末散歩』河出書房新社，1998

森　明子『土地を読みかえる家族―オーストリア・ケルンテンの歴史民族誌』新曜社，1999

森本哲郎『ウィーン』文藝春秋，1992

山之内克子『ウィーン―ブルジョアの時代から世紀末へ』講談社（現代新書），1995

横山秀司『観光のための環境景観学―真のグリーン・ツーリズムに向けて』古今書院，2006

リケット.R. 著，青山孝徳訳『オーストリアの歴史』成文社，1995

あ と が き

　本書は、1999年に出版された『スイスの風景』の姉妹編である。同年夏に、『オーストリアの風景』を執筆するため、パソコンのマッキントッシュをオーストリアへ携行したいと、浮田典良先生からご相談を受けた。その後も、オーストリアの各地を訪ねて執筆されていると、お話を伺っていた。しかしながら、その出版はかなわず、2005年1月12日にお亡くなりになった。

　後年、先生の書籍や地図を整理したいと浮田家よりご連絡をいただき、書斎で執筆途中の原稿を見つけた。傍らに置かれていた先生のマッキントッシュを立ち上げさせていただくと、オーストリアの風景に関するフォルダがデスクトップ上にあった。その中から、まえがきと章構成と、ほぼ完成された中部と東部の州の町についての原稿が見つかった。書棚には、オーストリアの町ごとのパンフレットを入れた封筒と、町ごとに整理されたアルバムがあり、中には写真とともに所々に白い紙が挿してあった。

　先生のご経験を中心に本書は構成されているが、データを新しくして、案内書としての便利をはかっている。オーストリアを研究されている加賀美雅弘さんには、編者として内容の厳選と全体の構成へのご教示と、ザルツブルク州などの必要な箇所についてご執筆いただいた。西部の州については、現地調査をされている呉羽正昭さんにご執筆いただいた。オーストリアご出身のペーター・モイスブルガーさんには、浮田先生の人となりについてお書きいただき、翻訳は加賀美さんにお願いした。

　地名については、チロルのように日本語訳として使用頻度の高いものを除き、現地の発音に則する表記とした。また、浮田先生の原稿には主題図が添えられていなかったので、必要なものについては藤塚が作成した。本書で使用した写真は、著者自身が撮影したものと、同志社中学にお勤めの浮田ゼミ第1期生である織田雪江さんのご提供である。浮田先生のアルバムに挿してあった白い紙

のところが使用予定の写真であるとわかったので、その前後の写真と本文を見比べて、ネガから写真を慎重に選び出した。

　刊行にあたっては、ナカニシヤ出版の中西健夫社長のほか、編集部の草川啓三さんに大変お世話になった。この原稿を完成させたいという気持ちをかなえることができたのは、浮田寧子夫人、ご子息の浮田潤さん、浮田哲さんが快くご許可くださったからである。困難な写真の選定には、伊藤明子さんにご尽力いただいた。お世話になった皆さまに、厚く謝意を表したい。浮田典良先生の師恩は忘れないが、師と共編できたことはとても嬉しく思う。

　これからオーストリアを訪ねようとする方々や、地理学を学ぶ方々をはじめ、多くの方々に本書をご利用いただければ、著者たちにとってこのうえもない喜びである。

2014年12月

編者のひとりとして
藤塚吉浩

著者紹介

浮田典良（うきた・つねよし）＊

1928年9月東京生まれ。
1952年3月京都大学文学部卒業。専門は人文地理学。文学博士。
大阪府立大学助教授、京都大学教授、関西学院大学教授、神戸学院大学教授を歴任。京都大学名誉教授。
2005年1月12日逝去。
主著：『北西ドイツ農村の歴史地理学研究』『地理学入門』『地図表現半世紀』

加賀美雅弘（かがみ・まさひろ）＊

1957年1月大阪市生まれ。
1985年3月筑波大学大学院地球科学研究科博士課程単位取得退学。専門はヨーロッパ地誌学。理学博士。
現在、東京学芸大学教授。
主著：『ハプスブルク帝国を旅する』『「ジプシー」と呼ばれた人々』（編著）『ヨーロッパ学への招待』（共著）

藤塚吉浩（ふじつか・よしひろ）＊

1964年12月京都市生まれ。
1993年3月関西学院大学大学院文学研究科博士課程後期課程単位取得退学。専門は都市地理学。文学修士。
高知大学講師、同助教授、同准教授、同教授を経て、現在、大阪市立大学教授。
主著：『図説　世界の地域問題』『図説　21世紀日本の地域問題』（ともに編著）

呉羽正昭（くれは・まさあき）

1964年11月長野県生まれ。
1993年11月インスブルック大学大学院修了。専門は観光地理学。Ph.D.。
愛媛大学講師、同助教授を経て、現在、筑波大学教授。
主著：『EU拡大と新しいヨーロッパ』『ヨーロッパ統合時代のアルザスとロレーヌ』（ともに編著）

＊は編者。

オーストリアの風景

2015年7月10日	初版第1刷発行

著 者　浮 田 典 良
　　　　加 賀 美 雅 弘
　　　　藤 塚 吉 浩
　　　　呉 羽 正 昭

発行者　中 西 健 夫
発行所　株式会社ナカニシヤ出版
〒606-8161　京都市左京区一乗寺木ノ本町15番地
　　　　　　　電話　075-723-0111
　　　　　　　FAX　075-723-0095
　　　　　　　振替口座　01030-0-13128
　　　　URL　http://www.nakanishiya.co.jp
　　　　E-mail　iihon-ippai@nakanishiya.co.jp

装幀＝草川啓三／印刷・製本＝ニューカラー写真印刷株式会社
ⓒ 2015 by T.Ukita, M.Kagami, Y.Fujitsuka & M.Kureha
Printed in Japan
ISBN978-4-7795-0950-6　C0026

好評発売中

『オーストリアの風景』姉妹編

スイスの風景
スイスに関する80章

浮田典良

景観を読む

アルプス、氷河、湖、登山鉄道、ホテル、トレッキング…
チーズ、チョコレート、ブドウ園、牛、セントバーナード犬…
内陸国、多言語国、永世中立国、金融国、観光国…
ガイドブックにないスイスの数多の顔に風景から迫る。

ナカニシヤ出版　定価1,900円＋税

スイスの風景
スイスに関する80章

浮田典良　著

スイス全土から様々なトピックを拾い、この風景をどう読めばよいかを、地理学者の目で説明する。スイス旅行を計画中、あるいは旅行中に頁をめくって読んだら、観光案内書にはないスイスが見えてくる。あなたのスイス旅行に是非！

A5判　166頁　1,900円＋税

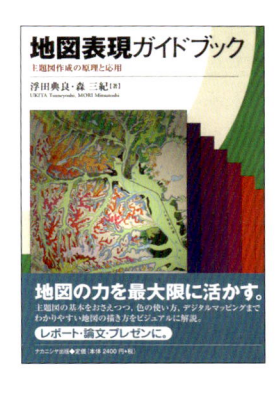

地図表現ガイドブック
―主題図作成の原理と応用―

浮田典良・森　三紀　著

わかりやすい主題図はどのように描くか。主題図の基本から、色覚障害にも配慮した色の使い方、デジタルマッピングまでビジュアルに解説する。説得力的な地図を作るための必須の一冊。教材・サブテキストにも最適。
図版多数　B5判　140頁　2,400円＋税

地図表現半世紀
―私の描いた主題図126―

浮田典良　著

半世紀にわたり活躍してきた地理学者による地図表現の実践記録。墨で描いたものからデジタルマッピングまで、生涯に描いた数々の主題図から厳選した126図に解説を付して収録。
B5判　114頁　2,400円＋税

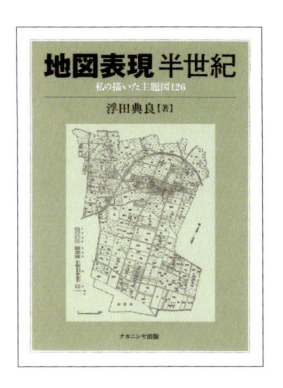

図説　世界の地域問題

漆原和子・藤塚吉浩　編
松山　洋・大西宏治

グローバル化の進む現在、世界各地で浮上する様々な問題を80トピックとりあげ、分かりやすいテーマ図をもとに易しく解説。いま世界で起きている出来事が分かる。授業の教材づくりや、卒論・レポートに。
B5判　176頁　2,500円＋税